# DEREK PRINCE

# LUSİFER

# AÇIĞA ÇIKTI

### ŞEYTAN'IN PLANI
### HAYATINIZI YOK ETMEKTİR

GDK YAYIN NO: 175
KİTAP: Lusifer Açığa Çıktı / *Lucifer Exposed*
YAZAR: Derek Prince
ÇEVİRMEN: Garo Saraf
KAPAK: Keğanuş Özbağ

ISBN: 978-1-78263-461-4
T.C. Kültür ve Turizm Bakanlığı Sertifika No: 16231

© **Gerçeğe Doğru Kitapları**
Davutpaşa Cad. Emintaş
Kazım Dinçol San. Sit. No: 81/87
Topkapı, İstanbul - Türkiye
Tel: (0212) 567 89 92
Fax: (0212) 567 89 93
E-mail: gdksiparis@yahoo.com
**www.gercegedogru.net**

Bu kitap Derek Prince Ministries tarafından verilen izinle basılmıştır. Kitabın hiçbir bölümü herhangi bir şekilde elektronik veya mekanik - fotokopi, kayıt, ya da herhangi bir bilgi depolama veya geri dönüşüm sistemi kullanmak da dahil olmak üzere- yayıncısından yazılı izin alınmadan çoğaltılamaz.

Kitapla ilgili görüşleriniz için: derekprinceturkey@gmail.com

Kutsal Kitap alıntıları, aksi belirtilmedikçe
*Türkçe Bible Server.Com*'dan yapılmıştır.

**Baskı:** Anadolu Ofset – Tel: (0212) 567 89 93
Davutpaşa Cad. Emintaş Kazım Dinçol San. Sit.
No: 81/87 Topkapı, İstanbul
**1. Baskı:** Aralık 2012

# İÇİNDEKİLER

**BÖLÜM 1**
Görünmez Düşmanlarımız ............................... 5

**BÖLÜM 2**
Cepheler Belirleniyor ..................................... 17

**BÖLÜM 3**
Karanlığın Krallığı'na Karşı Savaş ................... 46

**BÖLÜM 4**
Çarmıh'ın Gücü ............................................. 67

**BÖLÜM 5**
Büyücülüğün Doğası ..................................... 79

**BÖLÜM 6**
Çarmıh'ın İşi ................................................ 102

*YAZAR HAKKINDA* .................................. 147

## BÖLÜM 1

## GÖRÜNMEZ DÜŞMANLARIMIZ

*Ey akılsız Galatyalılar! Sizi kim büyüledi? İsa Mesih çarmıha gerilmiş olarak gözlerinizin önünde tasvir edilmedi mi?*
-Galatyalılar 3:1

1963'te, Amerika'daki ilk yılımda, Washington Seattle'da bulunan Pentekostal bir cemaate pastörlük yapmak için davet edildim. O zamanlar biraz toydum ve Amerikan kilise hayatında olup bitenlere pek aşina değildim. Davetiyede, kilise yönetimindeki on iki kişinin tam ittifakla benim adımda hemfikir olduğu yazıyordu. Böylece eşim Lydia ve ben eşyalarımızı toplayıp o zaman yaşadığımız yer olan Minneapolis'den Seattle'a doğru yola çıktık.

Seattle'a vardığımızda, kilisenin on iki yöneticisinden başka hiç kimsenin Pazar ayinlerine katılmadığını keşfettim! Dahası, sadece bir ay sonra biri hariç hepsi istifa etti. Eşim ve ben kendimizi olağanüstü bir durumun ortasında bulduk. Cemaatte sayıları birkaç yüzü bulan Kutsal Ruh'la vaftiz olmuş Pentekostal vardı. Bu insanlar doğru olanı yapmak istiyorlardı, kötü yola sapmış bir grup günahkâr değildiler. Onlarla karşılaştığımda bana çok saygılı davrandılar. Ama sanki şuurlarını kaybetmiş gibiydiler. Yaptığım ya da söylediğim hiçbir şeye gerçek bir tepki vermiyorlardı. Çok şaşırtıcı bir durumdu.

Lydia büyük bir dua kadınıydı. Birlikte dua ettik: "Tanrım, bu insanlardaki sorunu bize göstermen gerek." Rab net bir şekilde beni Galatyalılar 3:1'e yönlendirdi: *"Sizi kim büyüledi?"* Bu bölümü okumak ilahiyat anlayışımı sorgulamama neden oldu. *"Pentekostallar mı?"* diye düşündüm. Dillerle konuşma, suyla vaftiz edilen imanlılar-*büyülenmek?* Bunlar beni daha fazla araştırmaya itti.

Benden önceki pastörün karısıyla kilise yöneticilerinden birinin birbirlerine aşık olduklarını öğrendim. Sonra kadının pastörden boşanmasıyla durumu idare etmişler. Yönetici de karısını boşamış ve pastörün karısıyla evlenmiş. Bundan sonra pastör orayı terk etmiş ve maalesef imanını kaybetmiş. Ben oraya varana kadar da eski eşi kilisenin yeni pastörü olarak görev yapmış. Bu kadın sanki cemaati yalnızca gözleriyle idare ediyordu. Sonradan bana anlatıldığına göre kilisede oylama gerektiren bir konu olduğunda cemaate dönüp: "Kaçınız benden yana? Ellerinizi kaldırın" diyormuş. Elini kaldırmayan onun delici bakışlarına maruz kalıyormuş. Onları adeta hipnotize etmiş.

Sorunu tanımladığımızda hemen duaya başlamamız gerektiğini biliyorduk. Sonuçta o cemaatte bazı harika şeyler oldu. Ama bu deneyim kişisel ruhsal hayatımda yepyeni bir boyutun açılmasına neden oldu. Pavlus, *"Sizi kim büyüledi?"* derken bunu sadece mecazi anlamda söylemiyordu. Pavlus ruhsal bir gerçeklikten bahsediyordu.

**Görünmez Düşmanlar**

Size karşı güçlü ve etkili şekilde çalışan düşmanlarınız olması ve bu düşmanlarınızın farkında dahi olmamak, çok tehlikeli bir durumdur. Hristiyanlar olarak karşılaştığımız düşmanlar ete kemiğe bürünmüş değildir; onlar görünmez ruhsal varlıklardır. Bu kitapta uğraştığımız konular insan duyularıyla algılanabilecek şeyler değildir.

İncil bu konular hakkında şöyle der: *"Hiçbir göz görmedi, hiçbir kulak duymadı, hiçbir insan yüreği kavramadı"* (1. Korintliler 2:9). Bu şeyler görünmez ve ruhsaldır. Ancak Kutsal Yazılar aracılığıyla anlaşılabilir. Başka bir güvenilir bilgi kaynağı yoktur.

Birçok insan sadece gördüğü, dokunduğu, duyduğu ve tadını aldığı şeyleri gerçek nesneler olarak hayal eder. Bununla birlikte yüzyıllardan bu yana felsefecilerin vardığı nokta, gördüğümüz, dokunduğunuz, duyduğumuz ve tadını aldığımız şeylerin tam olarak gerçek olmadığıdır. Bunlar geçici ve genellikle aldatıcı şeylerdir. Tüm bu felsefe uzmanları, sadece kendi duyularımıza güvenmememiz konusunda bizleri uyarmışlardır.

Ve İncil de aynı fikirdedir! Pavlus görünen şeylerin geçici, görünmeyenlerin kalıcı olduğunu söyledi. Başka bir deyişle, görsel dünyamız geçip gidiyor ve bu yüzden kısmen gerçek, çünkü devam etmiyor (bkz. 2. Korintliler 4:18). Ama göremediğimiz, duyularımızla farkına varamadığımız ruhsal dünya tam olarak gerçektir ve devam edecektir.

Öyleyse, görünmez düşmanlar söz konusu olduğunda, zihinsel bir düzeltmeyle işe başlamamız gerekir. Kendimize şöyle demeliyiz: "Sadece gördüğüm, dokunduğum, duyduğum ve tadını aldığım şeylerle kendimi sınırlamayacağım. Kalbimi ve zihnimi, Kutsal Ruh'un Kutsal Kitap'a kaydettiği vahiye ve farklı bir dünyanın gerçeklerine açacağım."

Pavlus, Tanrı kendisini tanıyabilmeleri için bilgelik ve vahiy ruhunu versin diye Efesli Hristiyanlar için dua etti (bkz. Efesliler 1:17). Ben de bizler için aynı duayı ediyorum: Kalplerimizi O'nun Sözü'ne açarken Tanrı bize bilgelik ve vahiy bahşetsin. Çünkü ancak vahiy yoluyla bilinebilecek şeylerle uğraşıyoruz.

Temel olarak anlamaya çalıştığımız şey, birbiriyle savaşta olan iki karşıt krallıktır. Ama bunlar Britanya, İsveç ya da Birleşik Devletler gibi doğal krallıklar değil, görünmez ruhsal krallıklardır. Bu iki krallıktan biri Tanrı Krallığı ve diğeri Şeytan'ın krallığıdır.

**Sabah Yıldızı**

Yeşaya 14'te, Lusifer adında bir yaratıkla tanıştırılırız. Latince kökünde *Lusifer* kelimesi "ışık getiren" anlamına gelir. İbranicede bu kelime "sabah yıldızı" olarak tercüme edilir. Diğer dillerde de, parlak, ışık saçan ve çok güzel bir varlık olarak tasvir edilir. Baş melek (archangel) denilen melek olduğuna inanıyorum. Baş (arch) kelimesinin Yunanca kökü "yöneten" anlamına gelir. Aynı kelime Baş Episkopos (archbishop) kelimesinde de bulunur; diğer Episkoposları yöneten Episkopos anlamını taşır. Bu yüzden bir Baş Melek diğer melekleri yöneten melektir. Yani Lusifer, Mikail ve Cebrail'le beraber Tanrı'nın göksel topluluğunun Baş Meleklerinden biriydi.

Bununla birlikte Lusifer tam bu noktada vahim bir hata yaptı. Kendi ihtişamına o kadar kapıldı ki, kendini Tanrı'yla eşit kılmak için büyük bir istek duydu ve Yaratıcısı'na karşı isyan etti. Bu noktada Lusifer'in isyanını İsa'nın itaatiyle karşılaştırmak çok ilginçtir. Lusifer yaratılmış bir varlıktı, Tanrı'yla eşit değildi ve Tanrı'yla eşit olmayı arzulayıp düştü. İsa'yla ilgili olarak ise bu konuda Filipililer 2:6'da şunu görürüz: *"Mesih, Tanrı özüne sahip olduğu halde, Tanrı'ya eşitliği sımsıkı sarılacak bir hak saymadı."* İsa Tanrı'ya eşitti, kendini alçalttı ve pek çok yükseltildi.

Yeşaya'ya dönersek, Lusifer'ın isyanının çıkış nedenini anlarız:

*"Ey parlak yıldız, seherin oğlu, göklerden nasıl da düştün! Ey ulusları ezip geçen, nasıl da yere yıkıldın!"* (Yeşaya 14:12)

Bunu takip eden iki ayette "Ben yapacağım" tarzında ibarelerin beş kez tekrar edildiğine dikkatinizi çekerim.

*"İçinden, 'Göklere çıkacağım' dedin, 'Tahtımı Tanrı'nın yıldızlarından daha yükseğe koyacağım; İlahların toplandığı dağda, Safon'un doruğunda oturacağım. Bulutların üstüne çıkacak, kendimi Yüceler Yücesi'yle eşit kılacağım'"* (Yeşaya 14:13-14).

Lusifer'ın ihtirası kendini Tanrı'yla eşit bir konuma yükseltmekti. Kendini o kadar zeki, güzel ve ihtişamlı görüyordu ki, *Tanrı olabilirim* diye düşündü. Kutsal Kitap Lusifer'in Tanrı'nın meleklerinin üçte birinin Tanrı'ya sadakatini zayıflatıp, onları kendi isyanına ve düşüşüne çektiğini ifade eder. Buna karşılık Tanrı şöyle dedi: *"Ancak ölüler diyarına, ölüm çukurunun dibine indirilmiş bulunuyorsun"* (Yeşaya 14:15).

Hezekiel 28'de kötülüğüyle nam salmış aynı yaratığın başka bir resmini görürüz. Bu bölüm, her biri ağıt veya lanet okuma olmak üzere iki kısma ayrılmıştır. İlk kısım Sur önderine, ikincisi Sur kralına odaklanır. Yakından incelediğimizde, Sur önderinin bir insan olduğunu anlarız. O tanrı olduğunu iddia etse de, insan olduğu açıkça belirtilmiştir. Diğer yandan Sur kralının insan olmadığı aynı şekilde açıktır. Bu bölümde, Şeytan'ın çalışma şekliyle ilgili kısa bir görüşe sahip oluruz. İnsan yöneticimiz vardır; Sur önderi, ve onun arkasında, görülmeyen krallıkta, şeytani yöneticimiz vardır; Sur kralı. İnsan yönetici, ipleri görülmeyen krallıktan idare edilen bir kukladan daha fazlası değildir. Bu gerçeği görmeye başladığınızda, tarih ve siyaset bambaşka bir anlam kazanır. Tarihteki sözde büyük ve rezil insanları incelediğimizde, davranışlarına rehberlik eden iplerin kanıtını görmeye başlarız.

*"İnsanoğlu, Sur Kralı için bir ağıt yak. Ona diyeceksin ki, 'Egemen RAB şöyle diyor: 'Kusursuzlukta örnek biriydin, bilgeliğin ve güzelliğin eksiksizdi. Sen Tanrı'nın bahçesi Aden'deydin. Yakut, topaz, aytaşı, sarı yakut, oniks, yeşim, laciverttaşı, firuze, zümrütle, çeşit çeşit değerli*

*taşla bezenmiştin. Kakma ve oyma işlerin hep altındandı. Bunlar yaratıldığın gün hazırlanmışlardı'"* (Hezekiel 28:12-13).

Kutsal Kitap araştırmacıları, Lusifer'in cennetteki tapınmanın müziklerini hazırlamaktan sorumlu olduğu konusunda büyük ölçüde hemfikirdirler. O bir müzik uzmanıydı ve günümüzde de insanları tutsak etmek için müziği kullanmaya devam ediyor.

*"Meshedilmiş, koruyucu bir Keruv olarak seni oraya yerleştirdim. Tanrı'nın kutsal dağındaydın, yanan taşlar arasında dolaştın. Yaratıldığın günden sende kötülük bulunana dek yollarında kusursuzdun. Ticaretinin bolluğundan zorbalıkla doldun ve günah işledin. Bu yüzden kirli bir şey gibi seni Tanrı'nın dağından attım, yanan taşların arasından kovdum, ey koruyucu Keruv"* (Hezekiel 28:14-16).

Şimdi bu metinde gördüğümüz büyüleyici "ticaret" kelimesini incelemek için bir an duralım. İbranicede bu kelimenin anlamı: "Gizlilikle, saman altından kışkırtmalarla, bir dedikoducu ya da tahrikçi gibi aşağı yukarı dolaşmak." Bugün biz buna, kampanya faaliyetleri ve lobicilik diyoruz. Lusifer de aynı bu şekilde, Tanrı'nın meleklerinin sadakatini düşmanlığa çevirdi. İleri geri salınarak onlara aslında şunu söyledi: "Bana bakın. Ne kadar güzel ve akıllı olduğumu görmüyor musunuz? Sizce şu yukarıdaki Tanrı'dan daha iyi yönetemez miyim? Hem biliyorsunuz, Tanrı sizi gerçekten takdir etmiyor. Eğer bana katılırsanız, krallığımda şu anda sahip olduğunuzdan çok daha yüksek mevkileri size vereceğim."

Doğru tanımlayabilmek için, *ticaret* kelimesinin İbranicedeki anlamından yola çıkarak bazı kullanım yerlerine bakalım: *"Halkının arasında onu bunu çekiştirerek dolaşmayacaksın. Komşunun canına zarar vermeyeceksin. RAB benim"* (Levililer 19:16). Bu ayette yanlış imalarda ve suçlamalarda bulunan bir iftiracıdan bahsediliyor. Şeytan Tanrı'nın karakterini çarpıtmaya çalışarak, O'nu kendisine hizmet eden melekleri takdir etmeyen, yalnızca kendi ihtişamı ve güzelliğiyle ilgilenen zalim ve gaddar bir hükümdar olarak suçladı.

Süleyman'ın Özdeyişleri 11'de yine aynı kelime kullanılır: *"Dedikoducu sır saklayamaz, oysa güvenilir insan sırdaş olur"* (13. ayet).

Burada, dedikoducu insanın tam zıttının *"güvenilir"* insan olduğunu görüyoruz.

Özdeyişler 20:19'da bu kelimenin bir başka canlı örneği vardır: *"Dedikoducu sır saklayamaz, bu nedenle ağzı gevşek olanla arkadaşlık etme."* Dedikoducu ile ağzı gevşek olan birbiriyle yakından ilişkilidir. Bir başka deyişle, Lusifer meleklere gevşek ağızlılıkla konuşup, Tanrı'nın verdiğinden daha iyi şartlar sağlayacağına onları inandırdı. Bu benim açımdan çok etkileyici, çünkü insan seviyesinde benzer faaliyetlere kiliselerde ve başka yerlerde çokça rastladım. Bu faaliyetlerin arkasındaki kişi tarih boyunca hep aynı olmuştur. Gevşek ağızlılık ve yalanlar Lusifer'ın çalışma tarzıdır.

Yeremya 6:28 ve 9:4'te, Hezekiel 22:9'da bu kelime iftiracı olarak tercüme edilir. İbranicede de aynı kelimedir: Bir dedikoducu, bir iftiracı, gevşek ağızlılıkla ve yetkiyi çarpıtarak ileri geri dolaşıp sevgisizlik ve sadakatsizlik tohumları eken kişi.

**Lusifer'in Gururu**

Hezekiel 28'e geri dönersek, Lusifer'in düşüşünün nedenini net bir şekilde anlayabiliriz:

*"Güzelliğinden ötürü gurura kapıldın, görkeminden ötürü bilgeliğini bozdun. Böylece seni yere attım, kralların önünde seni yüzkarası yaptım"* (Hezekiel 28:17).

Lusifer'in başlıca dürtüsü neydi? İlk günah neydi? Gurur. İlk günah göksel alemde işlendi, dünyada değil. Bu günah sarhoşluk, zina ve hatta yalancılık değildi. Gururdu. Ve hala günahların en ölümcül olanıdır. Kiliseye giden birçok insan için zina veya sarhoş olmak hayal bile edilemez günahlardır ama bu insanlar ne kadar tehlikeli olduğunun farkına bile varmadan gururlarıyla ayartılırlar.

Baş Melek Lusifer o kadar güzeldi ki gurura kapıldı. Baş melek Lusifer'in Şeytan'a dönüşmesi gururu vasıtasıyla gerçekleşti.

*"İşlediğin pek çok günah ve ticaretteki hileciliğin yüzünden kutsal yerlerini kirlettin"* (Hezekiel 28:18).

Lusifer Tanrı'nın göksel yerlerdeki kutsallığından sorumluydu. Tapınma sorumlusuydu. Tanrı'nın varlığı göründüğünde orayı kaplayan keruvdu. Müzik sorumlusuydu. O bir sanatçıydı. Son derece başarılıydı. Sonra isyan etti ve düştü. Gurur!

## BÖLÜM 2

## CEPHELER BELİRLENİYOR

*"Şeytan İsrailliler'e karşı çıkıp İsrail'de sayım yapması için Davut'u kışkırttı."*
*-1. Tarihler 21:1*

Lusifer Tanrı'nın yarattıkları içinde belki de en akıllısı ve en güzeliydi. Ama Kutsal Kitap'ın dediğine göre kendini beğenmiş bir yüreği vardı (bkz. Hezekiel 28:2-19). Gururu büyüdükten ve planlı isyanını başlattıktan sonra, kendisine eşlik eden hain meleklerle birlikte Tanrı'nın varlığından aşağı atıldı.

Lusifer'in isyanının etkilerini yok etmek için Tanrı başka bir planı devreye soktu. Lusifer'in isyanının kökeninde gurur olduğundan, Tanrı'nın buna tepkisi Lusifer'in yerini alacak yeni bir yaratık yapmak oldu. Tanrı'nın kendi amacı için yaratmayı planladığı varlık insandı. Ya da insanın İbranicedeki anlamı 'adem'i anımsarsak, insan için en uygun isim olan Adem aynı zamanda ırkımızın da adı oldu.

**Tanrı'nın Alternatif Planı**

Tanrı Adem'i diğer tüm yaratıklardan farklı ve benzersiz bir şekilde yarattı. Yaratıcı, gurura karşı koyabilsin diye Adem'in yaratılışında farklı bir yol izledi. Adem, tüm diğer yaratıklardan farklı olarak, bilinen en aşağı ve mütevazı bir kaynaktan yaratıldı. Ama Tanrı onu en yüksekte olmaya muktedir kıldı. Tanrı Adem'de en alçakla en yükseği birleştirdi. Adem'in yaratılışı Yaratılış Kitabı'nda şöyle anlatılır:

"*RAB Tanrı Adem'i topraktan yarattı ve burnuna yaşam soluğunu üfledi. Böylece Adem yaşayan varlık oldu*" (Yaratılış 2:7).

Bu benim için çok etkileyici bir resimdir. Ve tam da anlatıldığı gibi olduğuna inanıyorum. Bu resimde, bize Yeni Antlaşma'yla açıklanan Tanrı'nın ebedi Oğlu'nu, Tanrı'nın Sözü'nü, Tanrılığın ikinci şahsını görüyorum. O'nu, Aden Bahçesi'nde yere doğru eğilmiş, kutsal parmaklarıyla topraktan harika bir figür şekillendirirken görüyorum. Ama mükemmel görünüşüne rağmen yaptığı şey sonuçta sadece topraktı. Sonra yere doğru iyice eğildi. Kutsal dudaklarını toprak figürün dudaklarına, kutsal burun deliklerini toprağınkilere yerleştirdi ve ona yaşam soluğunu üfledi.

Şimdi bu metinde açıklanan insanın veya Adem'in yaratılışıyla ilgili beş önemli gerçeğe dikkatinizi çekmek isterim. Birincisi, Kutsal Kitap'taki ilk kişisel isimlerle bu metinde karşılaşırız. *"RAB Tanrı Adem'i topraktan yarattı."* *"RAB"*, gerçek Tanrı'nın kutsal kişisel adıdır. Biz ona genellikle *Yehova* deriz. Modern araştırmacılar *Yahve* olarak telaffuz ederler.

Burada unutmamamız gereken şey bunun kişisel bir isim olduğudur. Aynı şekilde, adam (adem) da kişisel bir isimdir. Öyleyse, şahıs olan Tanrı şahıs olan adamı aralarında bire bir ilişki olsun diye yarattı. Bu da bize, Yaratıcı'nın yüce amacının yarattığı kişiyle karşılıklı arkadaşlık yapmak olduğunu gösterir.

İkincisi, Tanrı'nın insanı yaratmak için yere doğru eğildiğini görürüz. Toprağı yoğurdu, beden şeklini verdi; sonra daha da eğilip dudaklarını şekil verdiği toprak bedenin dudaklarına koydu ve kutsal nefesini onun içine üfledi. Tanrı, insanı yaratabilmek için aşağı doğru eğilmek zorunda kaldı.

Üçüncüsü, Tanrı kendini insana gösterdi. Kendisine ait olan kutsal nefesi, toprak bedenin içine üfledi.

Dördüncüsü, sonuç olarak Tanrı insanda, doğrudan Tanrı'nın kendisinden gelen en yüksek olanla, dünyadaki topraktan gelen en alçak olanı birleştirdi. Bunu düşündüğünüzde kendiniz hakkında bir şeyler anlayabiliyor musunuz? İçinizde çok yüksek ve çok alçak bir şey var. Ve hayat deneyimimizin büyük bir kısmı, içimizdeki yüksekle alçağın çatışmasından ibarettir.

Beşinci gerçek ise, artık insanın Tanrı'yla ikili bir ilişki kurma potansiyeli olduğudur. Tanrı'dan gelen ruhu vasıtasıyla, insan Tanrı'yla ilişkiye geçer. Ama yeryüzünden gelen bedeni vasıtasıyla dünyayla ilişkiye geçer. Yine tecrübelerimizle gerçek olduğunu bildiğimiz bir şeyi görüyoruz. İçimizde Tanrı'yla dostluk kurmak ve bire bir ilişkide olmak üzere O'nunla bağlantı kuran bir şey var. Ancak içimizde bu dünyayla bağlantı kuran dünyasal bir şey de var.

İşte Tanrı'nın alternatif planı! Yaratılmış keruv düşmüştü. Ve Tanrı gurura karşı zaafiyeti engellemek için, içine kutsal yaşamını üflediği yeni varlığı değişik bir hammaddeden (topraktan) yarattı.

## Şeytan'ın Karşı Saldırısı

Artık düşmüş bir melek olan, Tanrı'nın ve insanın düşmanı Şeytan misilleme yaptı. İki nedenden dolayı insanlara özel bir düşmanlığı vardı. Birincisi, Tanrı'nın insandaki suretine saldırabilirdi. Fark ettiğiniz gibi, insan görünür bir şekilde tüm yaratılışta Tanrı'yı temsil ediyordu. Şeytan bizzat Tanrı'ya dokunamazdı, ama ona çok benzeyen insana savaş açabilirdi. En büyük zevki bu sureti lekelemek, yok etmek, aşağılamak ve bunun için bıkıp yorulmadan çalışmaktı.

Şeytan'ın insana karşı bu kadar nefretle dolu olmasının ikinci nedeni, insanın Şeytan'ın kaybettiği tahtına oturması için yaratıldığı gerçeğiydi. Yaratıldığı andan itibaren insan, Şeytan tarafından saf dışı bırakılması gereken bir rakip olarak görüldü.

Ne gariptir ki, Şeytan kendi düşüşüne neden olan dürtü vasıtasıyla insanın düşüşünü sağladı. Bu olay Yaratılış kitabında anlatılır. Yılan şekline bürünmüş olan Şeytan, Adem ve Havva'nın bulunduğu bahçeye gelerek onları itaatsizlik ve isyanla ayartır. Bu aldatmanın ve düşüşün kayıtları şöyledir:

"*RAB Tanrı'nın yarattığı yabanıl hayvanların en kurnazı yılandı. Yılan kadına, 'Tanrı gerçekten, 'Bahçedeki ağaçların hiçbirinin meyvesini yemeyin' dedi mi?' diye sordu. Kadın, 'Bahçedeki ağaçların meyvelerinden yiyebiliriz' diye yanıtladı, 'Ama Tanrı, 'Bahçenin ortasındaki ağacın meyvesini yemeyin, ona dokunmayın; yoksa ölürsünüz' dedi.' Yılan, 'Kesinlikle ölmezsiniz' dedi, 'Çünkü Tanrı biliyor ki, o ağacın meyvesini yediğinizde gözleriniz açılacak, iyiyle kötüyü bilerek Tanrı gibi olacaksınız'*" (Yaratılış 3:1-5).

Bizi dehşete düşüren bu hikayeyi hepimiz biliriz. Havva yılan kılığındaki Şeytan'ın ayartmasıyla kandırıldı, elini uzattı, meyveyi kopardı ve kocasını bu itaatsizliğe katılmaya ikna etti.

Şeytan'ın, Adem ve Havva'nın karşısına geçip onları isyan etmek için ayarttığı üç özel hitap şekline dikkatinizi çekmek isterim. Tanrı Adem'e şöyle demişti: "*Ama iyiyle kötüyü bilme ağacından yeme. Çünkü ondan yediğin gün kesinlikle ölürsün*" (Yaratılış 2:17). Şeytan'ın ilk teşebbüsü Tanrı'nın sözünü sorgulamaktı. Havva'ya şöyle dedi: *"Tanrı gerçekten, 'Bahçedeki ağaçların hiçbirinin meyvesini yemeyin' dedi mi?"* (Yaratılış 3:1). Şeytan Tanrı'nın sözünü doğrudan inkâra kalkışmayacak kadar kurnazdı. Bu yüzden işine bir soruyla başladı. Tanrı'nın sözünün itibarını azaltmak dürtüsüyle harekete geçti. Havva'nın bu soruyu dikkate almasının ardından Şeytan'ın bir sonraki adımı, Tanrı'nın bizzat kendisinin itibarını azaltmaya çalışmaktı.

Akabinde yılan kadına şöyle dedi: *"Kesinlikle ölmezsiniz... Çünkü Tanrı biliyor ki, o ağacın meyvesini yediğinizde gözleriniz açılacak, iyiyle kötüyü bilerek Tanrı gibi olacaksınız"* (4. ve 5. ayetler). Bu ifade, Tanrı'nın Adem ve Havva'yı yarattıktan sonra, onları hak ettiklerinin çok altında bir konumda tutan başına buyruk bir diktatör olduğunu ima ediyordu. Şeytan, Adem'le Havva'nın daha büyük bir şey olabilecek potansiyelleri ve yetenekleri olduğunu bilen Tanrı'nın, onları keyfi ve mantıksız bir mahkûmiyet altında tuttuğunu kastediyordu. Önce Tanrı'nın sözünü, sonra daha ileri giderek Tanrı'nın karakterini itibarsızlaştırdı. Sevgi dolu ve lütufkâr Yaratıcıları'nın yanlış bir resmini onlara vermek istedi. Tanrı'nın sözünü ve bizzat karakterini itibarsızlaştırarak, O'nu başına buyruk bir despot olarak tasvir etmek istedi.

Üçüncü hitabında Şeytan, kendi düşüşüne neden olan dürtünün tıpatıp aynısını (Tanrı'yla eşit olma beklentisi) Adem'le Havva'ya teklif etti. *"O ağacın meyvesini yediğinizde gözleriniz açılacak, iyiyle kötüyü bilerek Tanrı gibi olacaksınız"* dedi (5. ayet). Aslında şöyle diyordu: "Artık Tanrı'ya tabi olmaya ihtiyacınız yok. Sizi Tanrı'yla eşit kılacak bilgiye kendiniz sahip olabilirsiniz." Bu, kendisini düşüşe iten ayartmanın ta kendisiydi: *"Bulutların üstüne çıkacak, kendimi Yüceler Yücesi'yle eşit kılacağım"* demişti (Yeşaya 14:14). Şimdi de Adem ve Havva'ya şöyle diyordu: "Tanrı gibi olacaksınız. İçinde bulunduğunuz bu bağımlılık durumu size yakışmıyor. Çok daha iyi bir geleceğe sahip olabilirsiniz. Doğrulun ve sizi Yaratıcınız'a köle eden bağımlılığınızdan özgür kılacak olan bilgiye uzanın."

Adem'in günahı Şeytan'ın hatasının bire bir kopyasıydı. Şeytan ve Adem, her ikisi de Tanrı tarafından kutsanmış, atanmış ve takdis edilmiş olarak belli bir seviyede yaratıldı. Ancak gurur yoluyla, her ikisi de Tanrı'yla eşit olmak için uzandılar. Ve yukarı doğru uzanarak düştüler. Unutmayın: *"Kendini yücelten herkes alçaltılacak, kendini alçaltan yüceltilecektir"* (Luka 14:11).

### Daha da Aşağı

Tanrı'nın Adem'in düşüşüne tepkisi şimdi nasıl olacaktı? İnsanı yaratırken Tanrı toprağa doğru eğildi. Ama yaratma aşamasından kurtarma aşamasına geçerken daha da aşağı eğildi. Tanrı'nın gurura karşı yanıtı her zaman alçak gönüllülüktür. Tanrı ne kadar çok gurura maruz kalırsa, o kadar çok alçak gönüllülük sergiler.

İnsan düşmüştü. Yabancılaştı, artık bir isyankârdı. Tanrı onu terk etmedi. Bunun için Tanrı'ya şükürler olsun. Tanrı, İsa Mesih'in kimliğinde en aşağı seviyeye eğildi. Kendini bu düşmüş ırkla bir tuttu ve suçlarının kefaretini ödedi. Sonra, tüm bunları taçlandırmak için, düşmüş ama kurtarılmış olan bu yaratıkları kainattaki en ulu yere yükseltti. Bunları yaparken hep şu değişmez ilkeyi gösterdi: "Yukarıya giden yol aşağıdan başlar."

Önce, Mesih'in kendisini insan ırkıyla bir tutup onların suçlarını ortadan kaldırdığını anlatan ayetlere bir göz atalım:

*"Bu çocuklar etten ve kandan oldukları için İsa, ölüm gücüne sahip olanı, yani İblis'i, ölüm aracılığıyla etkisiz kılmak üzere onlarla aynı insan yapısını aldı. Bunu, ölüm korkusu yüzünden yaşamları boyunca köle olanların hepsini özgür kılmak için yaptı"* (İbraniler 2:14-15).

İsyan ettiğinde, Adem'in kral olmak yerine köle olduğunu daha önce belirtmiştim (Şeytan'ın, ölümün, fesadın kölesi). Artık özgür değildi. Onu bu kölelikten kurtarmak için İsa, Adem'in doğasını ve insan şeklini üzerine giyindi. İnsanla paydaşlık etmek için, sizin ve benimle aynı tabiata büründü. Böylece ölümüyle, ölümün gücünü elinde tutanı (Şeytan'ı) yok edip, hepimizi tutsak edildiğimiz ölüm korkusundan kurtaracaktı.

İsa bambaşka bir kimlikle özdeşleşti. İnsanların hepsini kurtarmak için, düşmüş varlık olan insanın doğasını üzerine aldı. Bu durum, Elçi Petrus tarafından şöyle dile getirilir:

*"Bizler günah karşısında ölelim, doğruluk uğruna yaşayalım diye, günahlarımızı çarmıhta*

*kendi bedeninde yüklendi. O'nun yaralarıyla şifa buldunuz"* (1. Petrus 2:24).

İsa çarmıhta, günahımız ve suçumuzla tamamen bir oldu. Bizzat kendisi, insan ırkının suçunu ve günahını kaldıran son büyük günah sunusu oldu. Günahlarımızı üstlendi. Cezamızı üstlendi. Bizim yaralarımız O'nun yaraları oldu. Ve bizim yerimize öldü. Temsilcimiz sıfatıyla-Son Adem, isyan suçumuzu çarmıha çivileyerek, kanıyla kaplayarak, Kendini tamamen vererek ortadan kaldırdı.

Şu sade ifadeye bakın:

*"Nitekim Mesih de bizleri Tanrı'ya ulaştırmak amacıyla doğru kişi olarak doğru olmayanlar için günah sunusu olarak ilk ve son kez öldü. Bedence öldürüldü, ama ruhça diriltildi"* (1. Petrus 3:18).

Bu tam bir özdeşleşmedir. Doğru kişi, doğru olmayan asinin, yabancının, Tanrı'ya sırtını dönenin yerini aldı. Bizi ölüm korkusundan kurtarmak ve Tanrı'yla barıştırmak için, hak ettiğimiz ölümü o tattı.

Bunun biraz daha ötesine baktığımızda, Mesih'in bizimle özdeşleşmesinin ardından, bizim de iman ve tövbe yoluyla O'nunla özdeşleşebileceğimizi görürüz. Ve bu birleşmeyle sadece O'nun ölümüne değil, dirilip yüceltilmesine de ortak oluruz. Bir olmanın muhteşem sırrı budur: Önce Mesih bizimle bir olur, sonra biz, iman yoluyla Mesih'le.

*"Ama merhameti bol olan Tanrı bizi çok sevdiği için, suçlarımızdan ötürü ölü olduğumuz halde, bizi Mesih'le birlikte yaşama kavuşturdu. O'nun lütfuyla kurtuldunuz. Tanrı bizi Mesih İsa'da, Mesih'le birlikte diriltip göksel yerlerde oturttu"* (Efesliler 2:4-6).

Özdeşleşmek madalyonun bir yüzüyse, esaretten kurtarılışımız diğer yüzüdür. İlk olarak, İsa bizimle, düşmüş ırkla özdeşleşti. Bizim yerimizi aldı. Cezamızı ödedi. Bizim yerimize öldü. Günahımızın bedelini ödedi. Tüm bu gerçekleri bilerek ve karşılığında kendimizi iman yoluyla O'nunla özdeşleştirerek, O'nun ölümünü izleyen her şeyde O'nunla bir oluruz. Efesliler 2'den alıntı yapılan yukarıdaki metinde İsa'yla özdeşleşmemizin üç büyük adımından bahsedilir: Tanrı bizi Mesih'te yaşama kavuşturdu, bizi ayağa kaldırdı ve Mesih'le birlikte diriltti. Ama burada bitmiyor. Tanrı bizi O'nunla birlikte göksel yerlerde oturttu. Mesih bir tahtta oturur; Tanrı bizi

O'nunla birlikte oturttu. Bizi Mesih'le birlikte tahta çıkardı. İsa'yla özdeşleşirken yukarıya doğru attığımız adımlara dikkatinizi çekerim: O'nunla yaşama kavuştuk, O'nunla dirildik ve O'nunla tahta çıkarıldık. Hep aynı değişmez ilke: Yukarıya giden yol aşağıdan başlar. En aşağıdan en yukarıya gideriz.

Tanrı şaşırtıcı bir şekilde, düşmüş ve kaldırılmış olan esaretten kurtulmuş bu yaratıkları, Tanrı'nın en alçaktakileri en yükseğe çıkardığının tüm kainata karşı sonsuz bir ispatı haline getirmiştir. Lütfen bu kurtarma hikayesinin içindeki ilkeyi gözden kaçırmayın. Bu sadece tarihsel bir olay değildir. Evrensel bir kanunun gerçekleşmesidir: Kendini alçaltan herkes yüceltilecektir. Kendini yücelten herkes alçaltılacaktır (Tekrar Luka 14:11'e bakın).

**Tek Kurban**

İsa'nın çarmıh üzerinde kurban olarak ölümü, Tanrı'nın insan ırkının her türlü ihtiyacı için sağladığı tek kaynaktır. Tanrı farklı zamanlarda farklı eylemlerde bulunmak yerine, Kutsal Kitap'ta belirttiği gibi: *"Kutsal kılınanları tek bir sunuyla sonsuza dek yetkinliğe erdirmiştir"*

(İbraniler 10:14). İbraniler'e Mektup yazarının açıkladığına göre, İsa tek kurban olarak kendini sunduktan sonra, Tanrı'nın sağında oturdu (12. ayet). Neden oturdu? Çünkü, bunu bir daha asla yapmak zorunda olmayacaktı.

Çarmıh yoluyla İsa, Şeytan'ı ve onun krallığını tam, daimi ve geri dönülmez bir yenilgiye uğrattı. İsa'nın bu işi tekrarlaması asla gerekmeyecek. Şeytan zaten yenilgiye uğratıldı. Sizin ve benim Şeytan'ı tekrar yenmemiz gerekmiyor. Bu konuda yapmamız gereken şey, İsa'nın zaten kazanmış olduğu zaferi hayatlarımızda uygulamaya geçirmek ve o zaferde yürümektir.

*"Bizi kutsalların ışıktaki mirasına ortak olmaya yeterli kılan Baba'ya şükretmeniz için dua ediyoruz"* (Koloseliler 1:12).

Mirasımız ışıktadır ve onun içinde hiç karanlık yoktur. Tamamen ışıklar içindedir. Tanrı bunu nasıl yaptı?

*"O bizi karanlığın hükümranlığından kurtarıp sevgili Oğlu'nun egemenliğine aktardı. O'nda kurtuluşa, günahlarımızın bağışına sahibiz"* (13-14. ayetler).

Yani, İsa'nın bizi kanıyla kurtarmasıyla karanlığın egemenliğinden özgür kılınıp, Tanrı'nın sevgili Oğlu'nun Krallığı'na nakledildik.

Yukarıdaki ayette *hükümranlık* veya bazen de *güç* olarak tercüme edilen kelimenin Yunancadaki karşılığı "yetki"dir. *Hükümranlık* veya *güçten* bahsederken, Şeytan'ın bir yetkisi olduğunu hatırlamamız çok önemlidir. Neden yetkisi var? Çünkü, Tanrı'ya isyan eden herkesin yöneticisi odur. Tanrı'ya karşı isyan eden herkes doğrudan onun yetkisi altına girer. O, "karanlığın hükümranlığında"dır.

*"Sizler bir zamanlar içinde yaşadığınız suçlardan ve günahlardan ötürü ölüydünüz"* (Efesliler 2:1).

Bu fiziksel bir ölüm değildir. Ruhsal bir ölümdür ve hepimiz için geçerlidir. Hepimiz Tanrı'ya karşı ölüydük, çünkü suçlar ve günahlar içinde yaşıyorduk.

*"Bu dünyanın gidişine ve havadaki hükümranlığın egemenine, yani söz dinlemeyen insanlarda şimdi etkin olan ruha uymaktaydınız"* (2. ayet).

Şeytan hava diyarının yetkili yöneticisidir. Yunancada *hava* anlamına gelen iki kelime vardır. Birincisinin anlamı, atmosferin dışındaki yoğunluğu az olan havadır. İkinci anlamı ise atmosferimizin içinde bulunan, yoğunluğu daha fazla olan dünyamızı çevreleyen havadır. Ayette ikinci anlamıyla kullanılmıştır. Şeytan, dünyanın ve dünyayı çevreleyen havanın hükümranlığının yetkili yöneticisidir. Efesliler'deki metinden alıntı yapılan aşağıdaki ifadede bu belirtilir:

"...*Söz dinlemeyen insanlarda şimdi etkin olan ruh...*" (2. ayet).

O neden bu insanlar arasında etkin? Çünkü onlar Tanrı'ya karşı itaatsizler. Yalnızca iki seçeneğimiz var: Ya Şeytan'ın topraklarındayız, ya da Tanrı'nın. Üçüncü bir seçenek yoktur. Eğer Tanrı'nın atanmış yöneticisi İsa'ya teslim olursak, Tanrı'nın Krallığı'nda olmaya hak kazanırız. Tanrı'nın atanmış yöneticisi İsa'yı reddedersek veya kabul etmezsek kendimizi Şeytan'ın krallığında buluruz, çünkü itaatsizliğin çocukları oluruz. Şeytan'ın Tanrı'ya isyan eden herkes üzerinde kanuni yetkisi vardır. Dillerle konuşup konuşmamaları bir şey fark etmez. Şeytan tüm başkaldıranların yöneticisidir.

"*Bir zamanlar hepimiz böyle insanların arasında, benliğin ve aklın isteklerini yerine getirerek benliğimizin tutkularına göre yaşıyorduk*" (3. ayet).

Bunu "hepimiz" yaptık. Her birimiz. Hatalarımızın sadece bedensel olmadığına dikkatinizi çekerim. Düşüncelerimiz de Tanrı'ya yabancılaştı. Kutsal Kitap, benliğe dayalı düşüncenin Tanrı'ya düşmanlık olduğunu söyler (bkz. Romalılar 8:7). Kafatasınızın içinde ikamet eden bir Tanrı düşmanı var: Benliğe dayalı düşünce.

Efesliler 2:3'ün devamında şunu okuruz:

*"Doğal olarak ötekiler gibi biz de gazap çocuklarıydık."*

Bu çok önemli bir açıklamadır. İtaatsiz bir doğayla doğduk. İnsan yaşamının gerçeği budur. Kaç aile çocuğunu yaramaz olsun diye eğitmek zorunda kalmıştır? Hiçbiri, çünkü Adem'in her torununda isyan doğası vardır. Bu nedenle, Adem'in soyundan gelen herkes isyan doğasını miras almıştır. Bu doğa, bizi Şeytan'ın yetkisinin hedefi haline getirir.

### Çıkış Yolu

Tanrı, Şeytan'ın krallığından çıkıp Tanrı'nın Krallığı'na girmek için bir yol teklif eder. Bu benim için çok can alıcı bir noktadır. Birkaç yıl önce Zambiya'daydım ve ülkenin merkezinden uzakta batıda Zambezi Nehri'nin Zambiya'yla

Zaire'yi ayırdığı noktadaki bir sınır köyünde vaaz ediyordum. Yaklaşık dört veya beş yüz Afrikalı'ya konuşuyordum ve onlara Tanrı'nın bize Şeytan'ın krallığından kaçıp Tanrı'nın Krallığı'na girebilme fırsatını sağladığı gerçeğini anlatmaya çalışıyordum. Onlara şöyle dedim: "Varsayın ki burada, Zambezi Nehri'nin doğusunda karanlığın krallığında bulunuyoruz. Nehrin karşı tarafı da ışığın krallığı olsun. Karanlığın krallığından ışığın krallığına geçebilmemiz için nehrin üzerinde bir köprüye ihtiyacımız var." Ve devam ettim: "Tanrı bir köprü sağladı. Yalnız tek bir köprü var (İsa Mesih'in çarmıhı). O köprü vasıtasıyla karanlığın krallığından çıkıp, Tanrı'nın sevgili Oğlu'nun Krallığı'na geçebilirsiniz."

Tanrı'nın isteği o köprünün üzerinde dikilip durmamız değildir. Başka bir krallığa geçip, İsa'nın yönettiği krallığa, krallar ve kâhinler olarak katılmamızı ister. Bu bizim varış noktamızdır. İşte Hristiyan kiliseleriyle ilgili bir sorun: Karanlığın krallığından çıkmış milyonlarca insan hala köprünün üzerinde oyalanıyor. Tanrı'nın krallığına girmek için kıllarını bile kıpırdatmıyorlar. Birçoğu şöyle diyor: "Ben kurtuldum, tamamdır." Kurtarılmak harikadır ama devamı vardır. Köprü bir krallıktan diğerine geçmek için bir yoldan ibarettir. Yeni Antlaşma'nın öğrettiğine göre, İsa'nın kanıyla bizleri esaretten kurtaran Tanrı, her birimizi krallar ve kâhinler yaptı.

*"Çünkü ölüm bir tek adamın suçu yüzünden o tek adam aracılığıyla egemenlik sürdüyse, Tanrı'nın bol lütfunu ve aklanma bağışını alanların bir tek adam, yani İsa Mesih sayesinde yaşamda egemenlik sürecekleri çok daha kesindir"* (Romalılar 5:17).

Size doğrudan bir soru sormama izin verin: Şu anda neredesiniz? Köprünün üzerinde bir yerlerde oyalanıyor musunuz? Yoksa İsa'yla birlikte yaşamda saltanat mı sürüyorsunuz? Herkes gelecek yaşamında saltanat süreceğine inanır. Çok iyi ama şu anda Tanrı'nın ilgilendiği konu bu değil. O bizim şu andaki hayatımızda nerede olduğumuzla ilgilenir.

### İsa Neyi Başardı?

Bizim için, İsa'nın başardığı şeyi nasıl başardığını anlamak çok önemlidir.

*"Yönetimlerin ve hükümranlıkların elindeki silahları alıp onları çarmıhta yenerek açıkça gözler önüne serdi"* (Koloseliler 2:15).

İsa çarmıh yoluyla hangi silahları onların elinden aldı? *Onlar* kelimesi kimi temsil ediyor? Tahmin ettiğiniz gibi, Şeytan ve işbirlikçileri.

*"Çünkü savaşımız insanlara karşı değil, yönetimlere, hükümranlıklara, bu karanlık dünyanın güçlerine, kötülüğün göksel yerlerdeki ruhsal ordularına karşıdır"* (Efesliler 6:12).

On yaşından beri Yunan dili üzerinde çalışma ayrıcalığına sahibim (aslında çoğu zaman bir ayrıcalık olmadığını söylemeliyim). Ama üniversite seviyesinde ders verebilme düzeyine ulaştım. Bu durum Yunanca ile ilgili konularda hep haklı olacağım anlamına gelmiyor, ama en azından eğitilmiş düşüncelerimi paylaşmamı meşru kılıyor. (İşin aslı; Yunan dili söz konusu olduğunda hiç kimse daima haklı olamaz, çünkü Yunanca tarihsel olarak çok karmaşık bir dildir.) Ama ben size, ete ve kemiğe karşı savaşmakla ilgili ayetin "Prince yorumu"nu önereceğim: "Çünkü bedeni olan insanlarla güreşmiyoruz."

Bedeni olan insanlarla kavga etmiyoruz. Yöneticileri ve onlara bağlı alt kademe yöneticileri olan, güçlü ve çok iyi örgütlenmiş bir krallıkla güreş müsabakasına çıkıyoruz. Şeytan'ın yetkisi altında olan bu yöneticilerden her biri belirli bir alandan sorumludur. Şeytan tüm dünyayı, yöneticileriyle hükmetmek istediği bölgelere ayırmıştır. Efesliler 6:12'nin "Prince yorumu"na devam edersek: "...var olan karanlığın dünya hükümranlarına karşı."

*Hükümranlar kelimesini* burada kasten kullandım, çünkü Yunanca karşılığı çok güçlüdür ve hükmetmek şeytani bir faaliyetin göstergesidir. Tanrı asla hükmetmez ve eğer bu kelimeye rastlarsanız, söz konusu durumun Tanrı'yla bir ilgisi olmadığına emin olabilirsiniz. Boğuştuğumuz güçleri "var olan karanlığın dünya hükümranları" olarak tanımlıyorum. Şeytan'ın sürekli ve ısrarlı olarak gerçekleştirmeye çalıştığı amacı, bu dünyanın yöneticisi olmaktır. Çağların sonuyla ilgili ayetlerde bunu açıkça görüyoruz. O zamanlara ilişkin verilen peygamberliğe göre, çağların sonuna doğru Şeytan'ın geçici olarak başarıya ulaştığı çok kısa bir dönem olacak. Bunu da Mesih karşıtı denilen bir adamı güçlendirip onun vasıtasıyla yapacak. Şeytan dünyadaki birçok insanı (adları Kuzu'nun Yaşam Kitabı'nda yazılı olmayanlar) Mesih karşıtına tapınmaya ikna edecek. Ona tapınanlar aslında onu güçlendiren Şeytan'a tapmış olacaklar.

Şeytan kendisine tapınılmasını neden her şeyden çok arzuluyor? Bu, onun düşüşüne neden olan Tanrı'yla eşit olmak arzusunun bir yansımasıdır. Şeytan bugün, düşüşünden önce yaşadığı seviyesinde değildir, ama hala Tanrı'yla eşit olduğunu iddia etmek için bir yola sahiptir (tapınılmak). Bu hakkın yasal sahibi yalnızca Tanrı'dır. Ama eğer Şeytan insanları kendisine tapındırabilirse, Tanrı'yla eşit olduğu iddiası doğrulanır. İki krallığın çatışmasının gerçekten farkına vardığımızda, Şeytan'ın en büyük hırsının kendisine tapınılması olduğunu anlarız. Farkına varmamız gereken çok önemli bir konu da, neye tapınıyorsak onun üzerimizde gücü olduğudur. Şeytan'a tapınmış olan insanlarla ilgilendim. İnanın, onları özgürleştirmek devasa bir savaş, çünkü Şeytan onlar üzerinde yasal hakkı olduğunu hissediyor.

Efesliler 6:12'de bahsedilen şeytani krallıkla ilgili son olarak değinmek istediğim şey: *"Kötülüğün göksel yerlerdeki ruhsal ordularına."* Şeytan'ın karargahları cehennemde değildir; göksel yerlerdedir. Kilisedeki bazı geleneksel görüşler, Kutsal Kitap'ın bu konudaki görüşüyle uyuşmaz. Şeytan'ın cehennemde olduğunu söyleyen insanlara şunu derim: "Söylediğiniz gibi olsaydı çok iyi olurdu, ama öyle değil." Şeytan basbayağı serbest dolaşıyor. Petrus'un bu konuda yazılı uyarısı var: *"Ayık ve uyanık olun. Düşmanınız İblis kükreyen aslan gibi yutacak birini arayarak dolaşıyor"* (1. Petrus 5:8).

Şimdi İsa'nın Şeytan'ın hükümranlıklarını ve güçlerini silahsızlandırdığı gerçeğini araştıralım. Onların tüm silahlarını üzerlerinden sıyırıp attı. Yunancada bu çok güçlü vurgulanır. Onlara hiçbir şey bırakmadı. Peki İsa bunu nasıl yaptı?

**Engeli Kaldırmak**

Öncelikle, Şeytan'ın insan ırkına karşı kullandığı bir numaralı silahın günah olduğunu anlamamız gerekiyor. İsa, Şeytan'ın bizi suçlu çıkarabilme yeteneğini ondan söküp aldı. Şimdi bildiğimiz gerçekleri tekrar gözden geçirelim. Adem'i yaratmadan önce, Tanrı zaten Şeytan'ın icabına bakmıştı. Şeytan Tanrı'ya ve O'nun yarattığı her şeye, özellikle de insana düşmanlık besleyen ve zaten düşmüş olan bir melekti. Şeytan sonra Adem'i kendi başlattığı isyanın içine çekerek ayartmayı başardı. Bu ayartmada Şeytan kendi düşüşüne neden olan dürtüyü seslendirdi: "Tanrı gibi olacaksınız."

Bir an için Şeytan'ın, Tanrı'nın düşünce ve davranışlarının büyük bir kısmını ve insan ırkına karşı beslediği büyük sevgiyi bildiğini varsayalım. Eyüp kitabında okuduğumuza göre, bir gün melekler Tanrı'nın huzuruna çıkmak için geldiklerinde Şeytan da onlarla birlikte geldi (bkz. Eyüp 1:6). Şeytan'ın o zamanlar, hala bir şekilde Tanrı'nın huzuruna çıkabilme izni vardı. Dahası, orada onu ayırt eden tek kişinin Rab olduğunu görüyoruz, çünkü ışık meleği görünümüne bürünmüştü.

Şeytan'la Tanrı arasında şöyle bir konuşma geçmiş olabileceğini hayal ediyorum:

Şeytan Rab'be der: "Sen adil bir Tanrı'sın. Sen tam bir Tanrı'sın ve ben de tam bir asi. Biliyorum, bu konuda hiç şüphem yok. Şuradaki ateş gölünü ve oradan çıkan korkunç dumanı görüyorsun değil mi? Biliyorum, orası benim gönderileceğim yer. Biliyorum, orası meleklerim ve benim için yaratıldı. Ama Tanrı, sana bir konuda hatırlatma yapmak istiyorum. Şu senin çok sevdiğin erkekler ve kadınlar var ya; onlar da benim kadar suçlular. Onlar da sana başkaldırdılar. Beni ve meleklerimi ateş gölüne atacağın zaman, onları da atman gerekecek. Unutma Tanrı, adaletin bunu gerekli kılıyor."

Sanırım, Tanrı'nın Şeytan'a yüzyıllar boyunca cevap vermediğini hayal edebiliriz. Ancak Tanrı'nın kendi planı vardı. Planı İsa'ydı. Ve İsa geldiğinde, son Adem oldu. Adem ırkının son temsilcisi oldu. Tüm günahı, tüm cezayı ve Adem'in Tanrı'nın yasasını çiğnemesinin tüm kötü sonuçlarını Kendi üzerine aldı. "Son Adem" olarak öldü, "son Adem" olarak gömüldü ve yeni bir ırkın başlangıcı olan "ikinci insan" olarak dirildi. Bu şekilde, İsa Adem ırkının günahını ortadan kaldırdı. İsa'ya iman etmiş olanlar, artık Adem'in günahından dolayı suçlanamaz. İsa'nın kurban olmasının sonucunda, Tanrı artık bizi adaletinden ödün vermeden bağışlayabilir. Tanrı Şeytan'ın öne sürdüğü savı, İsa'nın ölümüyle yok etti. Bu ölüm, Tanrı'nın bizi adil bir şekilde ve hiçbir suçlamada bulunmadan kabul edebilmesini mümkün kıldı.

Koloseliler'e kısaca göz atarsak, İsa'nın suçlarımızı nasıl ortadan kaldırdığını anlayacağız:

*"Sizler suçlarınız ve benliğinizin sünnetsizliği yüzünden ölüyken, Tanrı sizi Mesih'le bir-*

*likte yaşama kavuşturdu. Bütün suçlarımızı O bağışladı. Kurallarıyla bize karşı ve aleyhimizde olan yazılı antlaşmayı sildi, onu çarmıha çakarak ortadan kaldırdı"* (Koloseliler 2:13-14).

İsa'nın ölümü vasıtasıyla, Tanrı adaletinden ödün vermeden geçmişteki tüm itaatsizliklerimizi bağışlayabilir. Kaç tanesini? Hepsini. Bağışlanmamış tek bir günah bile kalsaydı, Tanrı'ya ulaşabilme hakkımız olamazdı. Tanrı'ya hamdolsun, geçmişteki tüm günahkâr eylemlerimizin bağışlandığının teminatını bize vermiştir.

*"Çünkü Mesih'in kendisi barışımızdır. Kutsal Yasa'yı, buyrukları ve kurallarıyla birlikte etkisiz kılarak iki topluluğu birleştirdi, aradaki engel duvarını, yani düşmanlığı kendi bedeninde yıktı"* (Efesliler 2:14-15).

Bundan daha açık ifade edilemez. Kutsal Yasa'yı buyrukları ve kurallarıyla birlikte sona erdirdi.

*"Bu nedenle Yasa'nın gereklerini yapmakla hiç kimse Tanrı katında aklanmayacaktır. Çünkü Yasa sayesinde günahın bilincine varılır"* (Romalılar 3:20).

Biz aklandık. Bu ayetin de belirttiği gibi, hiç kimse Yasa'nın gereklerini yerine getirerek Tanrı'nın gözünde doğruluğa ulaşamayacaktır. Sorun Yasa'da değil, bizdedir. Yasa'ya uyamıyoruz. Yasa'nın bazı maddelerini atlayıp şunu söyleyemeyiz: "Yasanın A maddesine uyarım ama B ve C maddelerini umursamam. Sonra D'ye uyar birkaç madde daha atlarım." Yasa, tek bir yasadır. Ya tamamıyla ve her zaman uyarsınız, ya da aklanamazsınız. Başka bir seçenek yoktur.

*"Günah size egemen olmayacaktır. Çünkü Kutsal Yasa'nın yönetimi altında değil, Tanrı'nın lütfu altındasınız"* (Romalılar 6:14).

Yasa ve *lütuf* birbirinin zıttı iki seçenektir. Yasa altındaysak, lütuf altında olamayız. Lütuf altındaysak, yasa altında olamayız. Aynı anda ikisi birden olmaz. Yasa altındaysak, günah üzerimizde egemen olacaktır. Pavlus'un dediği gibi, eğer lütuf altındaysak, günah bize egemen olmayacaktır, çünkü yasanın denetimi altında değiliz.

## Özgürlükte Yaşamak

*"Tanrı'nın Ruhu'yla yönetilenlerin hepsi Tanrı'nın oğullarıdır"* (Romalılar 8:14).

Tanrı'nın oğulları ve kızları olarak nasıl yaşayabiliriz? Kutsal Ruh tarafından yönetilerek. Bu can alıcı gerçek, birçok Hristiyan'ın dikkatinden kaçar. Kurtarılmaktan, suyla vaftizden, Ruh'la vaftizden bahsedip dururuz. Ama bunlar yalnızca, yeni hayatımıza başlamakla ilgilidir. Yaşamımız her gün, her saat, her an Kutsal Ruh'la yönetilmelidir.

*"Oysa her iman edenin aklanması için Mesih, Kutsal Yasa'nın sonudur"* (Romalılar 10:4).

İman edersek, Mesih aklanmamız için Yasa'nın sonudur. Tanrı Sözü'nün bir parçası olarak son değildir. İsrail kültürü tarihinin bir parçası olarak da son değildir. Ama Tanrı'nın gözünde aklanabilme aracı olarak işlevi son bulmuştur. Bu, iman eden herkes için geçerlidir: Yahudi ve diğer uluslar, Protestan, Katolik veya Ortodoks, hiç fark yoktur. İsa'nın ölümüyle aklanmayı kabul etmişsek, yasanın sonu gelmiş demektir.

*"Ruh'un yönetimindeyseniz, Yasa'ya bağımlı değilsiniz"* (Galatyalılar 5:18).

Seçebiliriz, ama ikisi birden olmaz. İsa suçsuz olabilmemizi ve hüküm giymememizi mümkün kıldı. Tanrı gözünde aklanma aracı olarak Yasa'yı ortadan kaldırdı. Yasa'nın gereklerini yerine getirerek aklanmaya ulaşmayı istediğimiz sürece, suçlanmaktan kurtulamayacağız. Bu gerekleri yeteri kadar yerine getirip getirmediğimizi de asla bilemeyiz. Gün bitmeden yasanın bazı maddelerini çiğnemeyeceğimizden asla emin olamayız. Yasasız ve başına buyruk olmayı önermiyorum. Söylemek istediğim şey, bir dizi kuralı yerine getirerek Tanrı'nın gözünde aklanamayacağımızdır. Bunu yapmaya çalışmak, Tanrı'yı aşağılamaktır. Çünkü böyle yaparak Tanrı'ya şunu söylemiş oluyoruz: "İsa'nın ölmesi gerekmezdi. O'nsuz da başarabilirdim." Bunu söylemek ne feci: İsa'nın ölümü gerekli değildi. Sonuç olarak, şu iki gerçek temelinde, mahkûmiyetten özgür kılınıyoruz. Birincisi, geçmişteki günahlarımız tamamen bağışlanabilir (hepsi). İkincisi, Tanrı'nın gözünde aklanabilmek için bir yasayı izlememiz gerekmiyor.

BÖLÜM 3

## KARANLIĞIN KRALLIĞI'NA KARŞI SAVAŞ

*"Bu nedenle, kötü günde dayanabilmek, gerekli her şeyi yaptıktan sonra yerinizde durabilmek için Tanrı'nın bütün silahlarını kuşanın."* -Efesliler 6:13

Ruhsal savaş söz konusu olduğunda, Mesih'in ezici bir zafer kazandığını söylemeliyiz. Bununla birlikte, kazandığı zaferi uygulamaya geçirmeyi bize bırakır. Bunu anlamamız çok önemlidir. Bu zaferi biz kazanmak zorunda olsaydık, asla başaramazdık. İyi ki bunu yapmak zorunda değiliz. İsa "Zaferi kazandım" dedi. Bizim işimiz, O'nun kazandığı zaferi hayatlarımızda uygulamaktır.

Bu yaşam ilkesini, İsa dirildikten sonra öğrencilerine söylediklerinde görebiliriz:

*"Gökte ve yeryüzünde bütün yetki bana verildi. Bu nedenle gidin, bütün ulusları öğrencilerim olarak yetiştirin"* (Matta 28:18-19).

İsa'nın yetkiyi ele geçirdiği çok açıktır. Bu yetkiyi uygulamalıyız. Başka bir deyişle, O'nun yetkisi biz uygulayana kadar etkisizdir. İsa'nın neyi başardığını dünyanın tam olarak anlayabilmesi için üzerimize düşen şey, O'nun yetkisini O'nun adına uygulayarak tüm ulusları öğrencileri olarak yetiştirmektir. Bu, Kutsal Kitap'a dayanan bir ilkedir. İsa'nın başardığını bizim uygulamamız gerekir.

Sakınmamız gereken iki hata vardır: Birincisi, zaferi bizim kazanmak zorunda olduğumuzdur. Böyle bir zorunluluğumuz yok, çünkü zaferi kazanmış olan İsa'dır. İkinci hata ise, bize yapacak bir şey kalmadığını düşünmektir. Bu da doğru değildir. İsa'nın kazandığı zaferi hayata geçirmek için adımlar atmalıyız.

Atmamız gereken ilk adım, Tanrı'nın tüm silahlarını kuşanmaktır. Efesliler 6'da Pavlus, Şeytan'ın göklerdeki krallığından bahsettikten hemen sonra şunu eklemiştir:

*"Bu nedenle, kötü günde dayanabilmek, gerekli her şeyi yaptıktan sonra yerinizde durabilmek için Tanrı'nın bütün silahlarını kuşanın"* (Efesliler 6:13).

Silahları bizim kuşanmamız gerektiğine dikkatiniz çekerim. Silahlar bizim üzerimize ışınlanmaz. Ne de Tanrı onları bizim üzerimize yerleştirir. Onları bizzat kuşanmalıyız. Pavlus mektuplarını sizin ve benim gibi Hristiyanlar'a yazıyordu ve onlara silahları kuşanma sorumluluğunu yükledi.

### Savunma Silahları

Öncelikle, 2. Korintliler'e yazdığı mektupta Pavlus'un bütün Hristiyanlar'a hitaben yazdıklarına bir göz atalım. Burada yalnızca öğrencilere ya da çobanlara değil, tüm Hristiyanlar'a sesleniyor:

*"Olağan insanlar gibi yaşıyorsak da, insansal güce dayanarak savaşmıyoruz"* (2. Korintliler 10:3)

Pavlus maddesel bedenlerde yaşadığımızı ve bir savaşın içinde olduğumuzu söyledi. Ama savaş maddesel alanda değil. O zaman, maddesel alanda değilse, ruhsal alandadır.

*"Çünkü savaşımızın silahları insansal silahlar değil, kaleleri yıkan tanrısal güce sahip silahlardır. Safsataları, Tanrı bilgisine karşı diklenen her engeli yıkıyor, her düşünceyi tutsak edip Mesih'e bağımlı kılıyoruz"* (4. ve 5. ayetler).

Bu ayetlerin değişik Kutsal Kitap tercümelerine baktığımızda beş kelime dikkat çekicidir. *İddialar, fikirler, tahminler, bilgi, düşünce*. Bunların ortak bir alana ait olduğunu biliyoruz: Zihin. Ne çarpıcı bir gerçek! Savaş alanı zihindir. Savaşın yapıldığı yer orasıdır. Hristiyanca bir yaşam sürmeye çalışanlar bunu zaten keşfetmişlerdir. Bunu ilahiyat bilgisi olarak bilemeyebiliriz, ama zihinlerimizde birçok savaş yaşadığımız açık bir gerçektir. Savaşımız hakkında düşünmemiz gereken bir başka nokta ise, krallığımızın Şeytan'ın krallığıyla savaşında hepimizin bu savaşın içinde olduğudur. Tanrı Krallığı'nın vatandaşlarıyız. Bu yüzden Şeytan'la savaştayız.

**Kalelerin Doğası**

Tanrı'nın bize verdiği silahlar, kaleleri ve mevzileri yıkacak kadar kudretlidir. Kimin mevzilerini yerle bir ediyoruz? Şeytan'ın. Ve hangi alanda? Zihinsel alanda.

Şeytan insanların zihinlerinde pek çok mevzi inşa eder. Bu mevzilerin hepsini özetlemek için bir kelime seçmek zorunda olsaydım, bu kelime *önyargı* olurdu. Önyargı, gerçekleri bilmeden önce bir konu veya kişi hakkında zihninizin karara varmış olmasıdır. Önyargılı kişilerin belirgin ifadeleri şöyledir: "Ben kararımı verdim; gerçeklerle kafamı karıştırma." Değişik şekillerde görülebilen önyargı, Şeytan'ın en güçlü kalelerinden biridir. Asıl gerçeğin insanların aklına girmesini ve iş görmesini engellemek için, Şeytan önyargıyı insanların zihninde bir kale olarak inşa eder.

Bu durum, esrarengiz işlere ve yanlış inançlara bulaşmış insanlarda çok çarpıcıdır. Bir imanlı bu tip kişilere İncil'i mükemmel şekilde aktarabilir, ama onlar zihinleri önceden tamamen programlanmış olduğundan söylenenleri duyamazlar. Cevapları hep belli bir şekildedir. Bu da, zihinlerinde Tanrı Sözü gerçeğinin girmesine engel olan bir kalenin olduğunu gösterir.

Bunu diğer dinlere mensup kardeşlerimizle ilişkilerimizde de görürüz. İsa hakkında bazı gerçeklere inanmalarına rağmen, hatta O'nun Mesih olduğunu kabul etmelerine ve bir bakireden doğduğunda hemfikir olmalarına rağmen, şu iki gerçeği asla kabul etmezler. Birincisi, İsa'nın çarmıhtaki ölümüdür. İnançlarının öğrettiğine göre, İsa ölmeden hemen önce bir melek tarafından gizlice kaçırıldı. İkincisi, İsa'nın Tanrı'nın oğlu olduğuna hararetle karşı çıkarlar. Bunlar onların zihnindeki kalelerdir. Ve çok güçlü kalelerdir. Onlar İsa hakkında merakla uzun bir yol alabilirler, ama İsa'yı Tanrı'nın Oğlu olarak kabul etmeleri gerektiğinde bir duvar yükselir. O duvarı yalnızca doğaüstü silahlar yıkabilir.

## Silahlarımızın Doğası

Şimdi Efesliler'de anlatılan bazı silahlar üzerinde kafa yoralım:

*"Bu nedenle, kötü günde dayanabilmek, gerekli her şeyi yaptıktan sonra yerinizde durabilmek için Tanrı'nın bütün silahlarını kuşanın. Böylece, belinizi gerçekle kuşatmış, göğsünüze doğruluk zırhını takmış ve ayaklarınıza esenlik Müjdesi'ni yayma hazırlığını giymiş olarak yerinizde durun. Bunların hepsine ek olarak, Şeytan'ın bütün ateşli oklarını söndürebileceğiniz iman kalkanını alın. Kurtuluş miğferini ve Ruh'un kılıcını, yani Tanrı sözünü alın. Her türlü dua ve yalvarışla, her zaman Ruh'un yönetiminde dua edin. Bu amaçla, bütün kutsallar için*

*yalvarışta bulunarak tam bir adanmışlıkla uyanık durun"* (Efesliler 6:13-18).

### Gerçeğin Kemeri

İncil'de "Belinize kuşak sarın" ifadesine sıkça rastlarız. İncil'in yazıldığı dönemlerde, hem erkek hem de kadınların dizlerinden aşağı sarkan uzun elbiseler giydiğini bilmek bu ifadeyi anlamamıza yardımcı olur. O dönemde herhangi bir işe girişmeden önce kişinin ilk yapması gereken şey, elbisesini dizlerinin üzerine çekip bacakların rahat hareket etmesini sağlamaktı. Bunu tamamlamak için kişi bir kemer takardı ve sonra elbiseyi yukarı çekip kemerin içine sıkıştırırdı. Ancak ondan sonra bir iş yapmaya hazır olurdu. Bunu yapmayan biri, uzun elbisenin engellemesi yüzünden harekete geçemezdi.

Günümüzde bunu kendimize nasıl uyarlayabiliriz? Bence bugün bize engel olan uzun elbiselerimiz, dini konuşma ve davranış tarzımız olabilir. Kendimize karşı ve Kutsal Ruh'un denetiminde başkalarına karşı son derece dürüst olmak zorundayız. Dini klişelerle kendimize engel koyamayız. Tamamen adanmış Hristiyanlar olmak istiyorsak, bunlar berbat engellerdir. Dini bir konuşmanın ardına saklanamayız; samimi olmalıyız.

## *Doğruluk Zırhı*

Zırh, gövdemizde bulunduğu alan itibariyle kalbimizi korur. Süleyman'ın şu ifadesi benim için hep bir kutsama olmuştur:

*"Her şeyden önce de yüreğini koru, çünkü yaşam ondan kaynaklanır"* (Özdeyişler 4:23).

Eninde sonunda, iyi ya da kötü yönde, hayatımızın gidişatını belirleyen şey yüreğimizin içindekilerdir. Bu yüzden, kalbimizi her türlü kötülükten korumak hayati önem taşır. Ve Pavlus bu yüzden doğruluk zırhını kalbimizi koruma aracı olarak niteledi.

Pavlus başka bir mektubunda silahlardan bahsederken şöyle diyor: *"İman ve sevgi zırhı"* (1. Selanikliler 5:8). Zırhı farklı bir bakış açısıyla tanımlıyor. İkisini birleştirirsek, *"doğruluk zırhı" "iman ve sevgi zırhı"* dır. Böylece, Pavlus'un zihnindeki doğruluk kavramını daha iyi anlıyoruz. Bu doğruluk yapılan işlerden ya da dini kurallardan değil, yalnızca imandan kaynaklanır.

*Müjdeyi Yayma Ayakkabıları*

Ayakkabılar diye tanımlanan bu silaha, ben *"barış müjdesine hazırlık botları"* demeyi tercih ediyorum. Romalı askerler baldırlarını saran botlar giyerdi. Bunlar dizlerinin altına kadar kayışlarla sıkıca sabitlenirdi. Bu ayette botlarımızı giymemiz gerektiği vurgulanıyor. Barış müjdesinin haberini yaymaya hazırlanmalıyız. Ama kalplerimizin içinde barış yoksa başkalarına aktarabileceğimiz fazla bir şey olmaz. Kutsal Kitap'a inanmalı ve bilmeliyiz. Tanrı Sözü gerçeğini insanlara gösterebilmeliyiz. Barış müjdesine hazırlık budur.

*İman Kalkanı*

Yeni Antlaşma'da iki çeşit kalkandan bahsedilir. Birisi küçük ve yuvarlak, diğeri tüm bedeni koruyabilecek kadar uzun ve oval. Bu ayette bahsedilen, bir insanın bütünüyle arkasına saklanabileceği uzun ve oval olanıdır. İman kalkanı budur.

*Kurtuluş Miğferi*

Miğfer insan bedeninin hangi bölümünü korur? Zihin. Depresyonla kişisel olarak mücadele ederken, Tanrı daha en başından zihnimi korumayı öğrenmem gerektiğini gösterdi. O'na bunu nasıl yapacağımı sorduğumda, cevap Tanrı Sözü'nden geldi: Kurtuluş miğferi.

Tanrı bana bu gerçeği açıkladığında, kendi kendime şöyle dedim: *Kurtulduğumu biliyorum. Bu zaten kurtuluş miğferini giydiğim anlamına gelmiyor mu?* Bu ayette Pavlus'un kurtulmuş ve Ruh'la vaftiz olmuş kişilere söylediklerini okuduğumda sorumun cevabı netleşti. Onlara hala kurtuluş miğferini giymeleri gerektiğini söylüyordu. Kurtulduğumuzda, kurtuluş miğferi kendiliğinden kafamıza geçmez. Onu kesinlikle *"giymemiz"* gerekir.

1. Selanikliler'de çok yararlı bir gönderme buluruz: *"Miğfer olarak kurtuluş umudu"* (5:8). Bu bölüm bana miğferin doğasının *umut* olduğunu keşfetmeme çok yardımcı oldu. İmanın kalplerimizi koruduğu şekilde, umut ta bunalımlara ve cesaretsizliğe karşı zihinlerimizi korur. İncil'de açıklanan iman, kalp bölgesiyle bağlantılıdır: *"Çünkü insan yürekten iman ederek aklanır"* (Romalılar 10:10). Ama umudun kaynaklandığı bölge zihindir. İbraniler'in yazarı şöyle der: *"İman, umut edilenlere güvenmektir"* (İbra-

niler 11:1). Yani, yüreğimizdeki iman temelinde, zihnimizde umudumuz olabilir. Ve umut zihinlerimizi korur.

## Ruhun Kılıcı

Ruhsal silahlar listesinde bir teçhizatımız daha vardır: Ruh'un kılıcı (Tanrı Sözü). *Logos* ve *rhema* arasındaki fark birçoğumuza aşina olabilir. *Logos* Tanrı'nın öncesiz ve sonsuz sözüdür. *Rhema* ise konuşulan Tanrı Sözü'dür. Efesliler 6'da, Ruh'un kılıcının *rhema* olduğu anlatılıyor. Başka bir deyişle, yatağınızın yanı başında duran İncil değil; sözle ifade ettiğimizde etkin olan Tanrı Sözü kast ediliyor. Bu bir kılıçtır. Şeytan çölde kendisine saldırdığında, İsa bunu kullandı. Üç kez *"yazılmıştır"* dedi (Matta 4:4-10, Luka 4:4-10). Ruhun kılıcını kullanmak, yazılı sözü, *logo*su, *rhema*nız yapar. Ve bu Şeytan'ı geri püskürtür.

## Yedinci Silah

Altı teçhizattan oluşan listeyi incelediğimizde, kılıç hariç hepsinin korunma silahları olduğunu görürüz. Kılıç bir saldırı silahıdır. Yine de, kılıcın menzili kolumuzun uzanabildiği yere kadardır. Şeytan'ın krallığını yıkabilmek için daha uzun menzilli silahlara ihtiyaç vardır.

İncil okurken altı iyi şeyi bir arada gördüğüm zaman, yedincisini aramaya yönelirim (bu sadece kişisel gözlemim). Öyleyse bu altı maddelik listeyi araştırırken, yedincisini de aramalıyız. Yedinci silahın incelediğimiz metnin sonunda olduğuna inanıyorum: *"Her türlü dua ve yalvarışla, her zaman Ruh'un yönetiminde dua edin"* (Efesliler 6:18).

Kollarımızın uzanabileceği yerle belirlenmiş sınırları ortadan kaldıran yol duadır. Duanın sınırları yoktur. Dua bizim "kıtalararası balistik füze"mizdir. Bu füzeyi istediğimiz her yerden fırlatabilir ve istediğimiz herhangi bir yere isabet ettirebiliriz. Dua silahını kullanırken, üç temel unsur söz konusudur: Tanrı Sözü (*logos*), İsa'nın adı ve İsa'nın kanı.

Dua çok güçlü bir silah olmasına rağmen, onu ateşlemek için bir şey gerekir. Her füze ancak bir fırlatma düzeneğiyle iş görür. Uçağa yüklenmiş bir bombanın onu bırakacak bir mekanizması olmalıdır. Bir mermiyi ateşlemek gerekir. Eski zamanlarda, bir oku fırlatmak için yayınız olması gerekirdi. Dua silahında da aynı ilkenin geçerli olduğunu iddia ediyorum. Dua silahı da onu etkin kılacak bazı araçlara gereksinim duyar. Şeytan'ın krallığına karşı kullanacağımız yedinci silahla ilgili olarak, daha önce bahsettiğimiz üç ana unsuru hatırlayalım: Tanrı Sözü (logos), İsa'nın adı ve İsa'nın kanı. Bunları Şeytan'ın krallığına karşı nasıl etkin kılabiliriz? Deneyimlerime dayanarak söyleyebilirim ki, yedinci silahı ateşlemek için dört çeşit mekanizma kullanabiliriz: *Dua, yüceltme, vaaz etme* ve *tanıklık.*

Söz konusu dört mekanizmanın etkin şekilde çalışabilmesi, her birinin Tanrı Sözü (logos), İsa'nın adı ve İsa'nın kanıyla (dua silahının öncelikli unsurları) dolu olmasına bağlıdır.

### Tanrı'nın Gücüne Olan İhtiyacımız

*"Çocukların, hatta emziktekilerin sesiyle set çektin hasımlarına, düşmanı, öç alanı yok etmek için"* (Mezmurlar 8:2).

*"Düşman ve öç alan"* kimdir? Şeytan. Hasımlar kimdir? Şeytan'ın krallığı, hükümranlıkları, göksel yerlerdeki ruhsal orduları.

Tanrı'nın doğaüstü gücüne ihtiyacımız olduğumuzun farkına varmalıyız. Hristiyanlık doğaüstü bir dindir. Bir defasında, Elçilerin İşleri kitabını, içinde geçen tüm doğaüstü olayları çıkarırsam ne olur merakıyla taradım (İçe dönük saklı olayları değil, duyularla algılanabilen görünen olaylardan bahsediyorum.) Çalışmamın sonunda, 28 bölümlük kitaptan doğaüstü olaylar çıkartılırsa, hiçbir bölümün özgünlüğünü koruyamadığını keşfettim. Kutsal Kitap'ta kilisenin nasıl çalışması gerektiği anlatılırken, etkin bir şekilde çalışabilmek ve Tanrı'nın iradesini yerine getirebilmek için sadece doğal yeteneğimizin yetmeyeceği vurgulanır. Kutsal Ruh'un doğaüstü yeteneğine sahip olmamız gerekir. Bu yeteneğin ana hatları, 1. Korintliler 12'deki doğaüstü armağanlar listesinde bulunur.

Pavlus'un bu konuda anlattıklarımı özetleyen ifadesine dikkatinizi çekerim: *"Çünkü Tanrı'nın Egemenliği lafta değil, güçtedir"* (1. Korintliler 4:20).

İlahiyatın kesinlikle kendine has bir yeri olmasına rağmen, bu bir ilahiyat meselesi değildir. Bunun entelektüel bir ispatla ilgisi yoktur. Bu,

Tanrı'nın doğaüstü gücünün gözler önüne serilmesidir. Özellikle etrafımızda milyonlarca farklı dinlerden insanlar varken, kilisemizin öncelikli ihtiyacının söz konusu doğaüstü güç olduğuna inanıyorum. Diğer dinlere mensup kişilerin zihinlerine ulaşabilmek konusunda hiçbir şey Tanrı'nın doğaüstü gücünün sergilenmesi kadar etkili olamaz. Soru şu ki: Kilise bu konuda ne yapıyor? Kilise ayağa kalkmalı ve "İsa'nın yaşadığını onlara göstereceğiz" demelidir.

## Ruhsal Savaşımızın Doruk Noktası

Tanrı Krallığı ile Şeytan'ın krallığı arasında süregelen savaştaki rolümüz hakkında yaptığımız gözlemleri sonuçlandırırken, Vahiy kitabında bu savaşla ilgili yapılan peygamberliğin zirvesine bir göz atalım:

*"Gökte savaş oldu. Mikail'le melekleri ejderhayla savaştılar. Ejderha kendi melekleriyle birlikte karşı koydu, ama gücü yetmedi. Bu yüzden gökteki yerlerini yitirdiler. Büyük ejderha - İblis ya da Şeytan denen, bütün dünyayı saptıran o eski yılan- melekleriyle birlikte yeryüzüne atıldı"* (Vahiy 12:7-9).

Bu metinde Şeytan'ın eksiksiz tarifi tek bir ayet içinde veriliyor. Şeytan kelimesi (Yunancada *diabolos*), "iftiracı" veya "asılsız suçlayıcı" anlamına gelir. *Şeytan,* "bir düşman" veya "karşı gelen" demektir. O, bir yandan dünyayı kandırırken diğer yandan Tanrı'ya, Tanrı'nın halkına ve Tanrı'nın amaçlarına karşı gelen bir iftiracıdır.

Büyük ejderha bu noktada göklerdeki krallığından aşağı atıldı. Bu sadece savaşın zirvesi değil, aynı zamanda savaşı bizim kazandığımızın bir göstergesidir. Bu yüzden de çok önemlidir.

*"Bundan sonra gökte yüksek bir sesin şöyle dediğini duydum: 'Tanrımız'ın kurtarışı, gücü, egemenliği ve Mesihi'nin yetkisi şimdi gerçekleşti. Çünkü kardeşlerimizin suçlayıcısı, onları Tanrımız'ın önünde gece gündüz suçlayan aşağı atıldı'"* (10. ayet).

Bu metinde konuşan meleklerdir. *"Kardeşlerimiz"* dedikleri bizleriz. Peki, Şeytan şimdi ne yapıyor? Bizi suçluyor. Nerede? Tanrı'nın tahtının önünde. Şok edici bir gerçek, değil mi? Ve Şeytan bu suçlamayı gece gündüz yapıyor. Tek amacı bizi suçlu çıkarmak. (Bir hatırlatmada bulunayım: Onun suç silahıyla nasıl başa çıkacağımızı bilmeden onu tamamen yenemeyiz.)

**En Güçlü Sır**

Şimdi sizinle, Tanrı'nın bana şimdiye kadar gösterdiği Kutsal Kitap'ın en güçlü sırrını paylaşacağım:

*"Kardeşlerimiz Kuzu'nun kanıyla ve ettikleri tanıklık bildirisiyle onu yendiler. Ölümü göze alacak kadar vazgeçmişlerdi can sevgisinden"* (Vahiy 12:11).

Bu ayette *"onu yendiler"* ifadesine dikkat edin. Onlar kim? Biziz. O kim? Şeytan. Bu açıkça Kilise'yle Şeytan arasındaki savaştır.

Silahlarımızı ateşleme mekanizmalarından birinin tanıklık olduğunu hatırlayalım. İsa'nın kanının bizim için ne yaptığını anlatan Tanrı Sözü'ne kişisel olarak tanıklığımızı verdiğimizde Şeytan'ı alt ederiz. Tanıklığımız bunu kişiselleştirerek, Kutsal Kitap'ın genel gerçekliğinin hayatlarımıza uygulanmasını sağlar.

Bunu güçlü bir şekilde uygulayabilmek için, Tanrı Sözü'nün İsa'nın kanıyla ilgili söylediklerini bilmeliyiz. Aksi takdirde başaramayız. Şimdi Kutsal Kitap'ın İsa'nın kanı hakkındaki bazı ifadelerini inceleyelim.

## Kurtulmak

İsa'nın kanıyla kurtuluruz.

*"Mesih'in kanı aracılığıyla Mesih'te kurtuluşa kavuştuk"* (Efesliler 1:7-8).

*Kurtulmak,* geri satın alındığımız anlamına gelir. Şeytan'ın krallığındaydık; oradan satın alınıp dışarı çıkarıldık. Kurtuluşumuzun bedeli, Pavlus'un da dediği gibi gümüş ya da altın değil; *"kusursuz ve lekesiz kuzuyu andıran Mesih'in değerli kanı"*dır (1. Petrus 1:19).

*"Böyle desin RAB'bin kurtardıkları, düşman pençesinden özgür kıldıkları"* (Mezmur 107:2).

Yüksek sesle şöyle diyerek bunu kişisel tanıklığımız yaparız: "İsa'nın kanı aracılığıyla İblis'in pençesinden kurtarıldım."

## Arınmak

İsa'nın kanıyla arınırız.

*"Ama O ışıkta olduğu gibi biz de ışıkta yürürsek, birbirimizle paydaşlığımız olur ve Oğlu*

*İsa'nın kanı bizi her günahtan arındırır"* (1. Yuhanna 1:7).

Bu metinde kullanılan kelimelerin, geniş zamandaki şimdiki zaman şeklinde olduğuna dikkat edelim: Devamlı yürürsek, devamlı bir paydaşlığımız olur ve O'nun kanı bizi devamlı arındırır. Eğer ışıkta yürümüyorsak, O'nun kanı bizi arındırmaz. Ama ışıkta yürüyerek, diğer paydaş imanlılarla paydaşlığımız olur. Bu paydaşlığın dışında kalırsak, ışığın da dışında kalırız. Işığın dışındaysak, O'nun kanı bizi arındırmaz. Bu önemli gerçeği unutmamalıyız.

Yüksek sesle şöyle diyerek bunu kişisel tanıklığımız yaparız: "Şimdi ve devamlı ışıkta yürürken, İsa'nın kanı beni her günahtan arındırır."

## Aklanmak

İsa'nın kanıyla aklanırız.

*"Böylece şimdi O'nun kanıyla aklandığımıza göre..."* (Romalılar 5:9).

*Aklanmak* "Beraat ettirilmek, suçsuz çıkartılmak, doğru sayılmak, sanki hiç günah işlememiş olmak" anlamına gelir.

Yüksek sesle şöyle diyerek bunu kişisel tanıklığımız yaparız: "İsa'nın kanı aracılığıyla aklanırım, beraat ettirilirim, suçsuz çıkartılırım, hiç günah işlememiş sayılırım."

## *Kutsal Kılınmak*

İsa'nın kanıyla kutsal kılınırız.

*"Bunun gibi, İsa da kendi kanıyla halkı kutsal kılmak için kent kapısının dışında acı çekti"* (İbraniler 13:12).

*Kutsal kılınmak* kelimesi hem olumsuz hem de olumlu anlam içerir. Olumsuz anlamda, "günahtan ayrılmak ve ayrı tutulmak" ve olumlu anlamda, "Tanrı'nın kutsallığına paydaş olmak"tır.

Yüksek sesle şöyle diyerek bunu kişisel tanıklığımız yaparız: "İsa'nın kanı aracılığıyla, kutsal kılınırım, günahtan ve Şeytan'ın krallığından ayrılırım ve Tanrı'ya ait olan kutsallığın paydaşı olurum."

Şimdi tüm bu güçlü tanıklıkları bir araya getirip, kişisel ilanımızı şöyle ifade edelim:

"İsa'nın kanı aracılığıyla İblis'in pençesinden kurtarıldım. Şimdi ve devamlı ışıkta yürürken, İsa'nın kanı beni her günahtan arındırır. İsa'nın kanı aracılığıyla aklanırım, beraat ettirilirim, suçsuz çıkartılırım, hiç günah işlememiş sayılırım. İsa'nın kanı aracılığıyla, kutsal kılınırım, günahtan ve Şeytan'ın krallığından ayrılırım ve Tanrı'ya ait olan kutsallığın paydaşı olurum."

Bunu böyle ilan ettiğimizde, O'na şükretmeye başlamamız için harika bir nedenimiz olur.

## BÖLÜM 4

## ÇARMIH'IN GÜCÜ

*"Çarmıhla ilgili bildiri mahva gidenler için saçmalık, biz kurtulmakta olanlar içinse Tanrı gücüdür." -1. Korintliler 1:18*

Geçtiğimiz bölümlerde İsa'nın çarmıhtaki kurtarış eyleminin kusursuzluğunu ve mükemmelliğini anlattım. Bu eylem hayatımızdaki her ihtiyacı karşılar. Mükemmel bir iştir. Çarmıhta gerçekleştirdiği bu işle İsa Şeytan'a ve krallığına geri dönüşü olmayan, mutlak ve sonsuz bir yenilgi tattırdı. Krallık'taki iyi haber budur!

İblis'in buna nasıl karşılık vereceğini umuyoruz? Bu konuda ne yapmak isteyecektir? Çarmıhtaki işin değerini azaltmak için elinden geleni yapacaktır. Çarmıhta gerçekleşen eylemi gölgelemek için elinden geleni yapacaktır, çünkü bunu gölgelemeyi başarırsa insanlık üzerindeki hakimiyetini tekrar ilan edebilir. Ve Şeytan'ın yaptığı, yapmakta olduğu ve yapacağı şey kesinlikle budur. Öncelikli amaçlarından birinin, İsa'nın çarmıhtaki ölümüyle başarılan işi gölgelemek olduğu çok açıktır.

## Şeytan Neden Çarmıhı Gölgelemek İster?

Şeytan'ın çarmıhın gücünü gözlerden kaçırmak için bu kadar şiddetli bir çaba göstermesinin üç nedeni vardır. Birincisi, İsa'nın çarmıh üzerinde kurban olarak ölümünün, kurtardığı insanların her türlü ihtiyacı için Tanrı'nın sağladığı tek kaynak olduğu temelidir. Başka bir temel yoktur.

*"Çünkü kutsal kılınanları tek bir sunuyla sonsuza dek yetkinliğe erdirmiştir"* (İbraniler 10:14).

İsa'nın çarmıh üzerinde kurban olmasıyla, Tanrı tarihin akışında yer alan tüm insanların her türlü ihtiyacını karşılamak için her şeyi yapmıştır. Tüm bunlar çarmıh aracılığıyla gerçekleşir.

Çarmıhta gerçekleşen işe karşı duyduğumuz minnet giderek artar: *Kutsal kılınırız.* İsa'nın yaptığı şey mükemmeldir, bitmiştir, tamamlanmıştır. Ama biz bunu yaşadıkça daha çok minnet duymaya başlarız. Ben dahil olmak üzere hiç kimsenin, çarmıh yoluyla bize sağlananlar için yeterince minnet duyduğuna inanmıyorum. Kutsallaştırılma işleminden geçerken (kutsal kılındıkça, Tanrı'yla uyum içinde oldukça, Tanrı'nın düşünce tarzını benimsedikçe, O'nun yollarında yaşadıkça) her geçen gün daha çok minnet duyacağız. Kralın çocukları gibi yaşamamız gerektiği halde, düşman çarmıhın gücünü gölgelemek için işe karıştığında, dilenciler ve muhtaçlar gibi yaşamaya başlarız. Onun amacı, tüm ihtiyaçlarımızın çarmıh temelinde karşılandığı gerçeğini gölgelemektir. Şeytan çok kurnazdır. Darbeyi nereye vurması gerektiğini çok iyi bilir. Çarmıhı gölgelemeyi başarırsa, kiliseyi eline geçireceğini bilir.

Şeytan'ın çarmıhı dikkatlerden kaçırmak istemesinin ikinci nedeni, çarmıh vasıtasıyla uğradığı mutlak yenilgidir. Daha önceki bölümlerde Tanrı'nın kurtarma eylemine yakından bakmıştık. Çarmıh aracılığıyla, İsa Şeytan'ı mutlak, sonsuz ve dönüşü olmayan bir bozguna uğrattı. Şeytan bunu değiştiremez. Ancak bu gerçeği bizden saklamaya çalışabilir. O zaman bizim için kazanılan zaferi kavrayamadığımız için zaferli bir yaşamımız olamaz.

Şeytan'ın çarmıhı gölgeleme çabasının üçüncü nedeni, çarmıhın gücünün gerçek bir

Hristiyan gibi yaşama gücünün tek kaynağı olmasıdır. Bazı Hristiyanlar ve gözde psikologlar, insanların nasıl yaşaması gerektiği konusunda Dağdaki Vaaz'dan alıntı yapmaktan hoşlanırlar. Bu vaazda tasvir edilen manada yaşayabilmek, İsa'nın çarmıh üzerinde kurban olmasıyla mümkün olmuştur. İsa'nın kurban olması, dünyevi doğaya sahip olan eski insanla ilgilidir. Pavlus'un dediği gibi: *"...Eski yaradılışımızın Mesih'le birlikte çarmıha gerildiğini biliriz"* (Romalılar 6:6). Ve Galatyalılar'a yazdığı mektupta, *"Mesih İsa'ya ait olanlar, benliği, tutku ve arzularıyla birlikte çarmıha germişlerdir"* diye ekler (Galatyalılar 5:24). Çarmıhı dünyevi doğamıza uygulamayı öğrenene kadar, o doğa bize hükmedecek. Biz ona hükmedemeyiz.

Pavlus Romalılar 6:6'da şöyle dedi: *"Artık günaha kölelik etmeyelim diye, ....eski yaradılışımızın Mesih'le birlikte çarmıha gerildiğini biliriz."* Çarmıhın sağlayışı budur. Ve hayatlarımızda İsa'nın çarmıhta neyi başardığını kavradığımız zaman, Şeytan yenilir.

### Şeytan'ın "Beşinci Kolu"

1936 yılında İspanya'da sağcılarla solcular arasında iç savaş patlak verdi. Üzücü bir şekilde İspanyollar birbiriyle savaştı. Savaş esnasında bir İspanyol generali, bir İspanyol şehrini kuşatma altına almıştı. İkinci general onun yanına gelip şöyle dedi: "Şehri ele geçirmek için planın nedir?" Birinci general şöyle karşılık verdi: "Birliklerimiz dört koldan, kuzeyden, güneyden, doğudan ve batıdan şehre doğru ilerliyorlar." Biraz duraksadı ve konuşmaya devam etti: "Ama şehri ele geçirmemi beşinci kol sağlayacak." İkinci general merakla sordu: "Beşinci kolun nerede?" Birincisi cevapladı: "Şehrin içinde." Beşinci kol, insanlara karşı onların içinde çalışır ve insanlar bundan habersizdir.

Şeytan kiliseyi yok etmek için bu taktiği kullanır. Bu olmadan kiliseyi asla alt edemez. Ama içerdeki beşinci kola sahip olursa, hemen şöyle der: "Şehri ele geçirecek olan benim beşinci kolumdur."

Başka bir deyişle, Şeytan'ın özellikle büyücülük şeklinde kendini gösteren kandırma gücü, kilisenin içindeki bu beşinci koldur. Pavlus Galatyalılar'a yazarken tam da bu sorunu irdeledi ve gerçek anlamda da Galatyalılar'a Mektup'un konusudur. Mektubun üçüncü bölümünün hemen başındaki ayette bunu açıkça görürüz:

*"Ey akılsız Galatyalılar! Sizi kim büyüledi? İsa Mesih çarmıha gerilmiş olarak gözlerinizin önünde tasvir edilmedi mi?"* (Galatyalılar 3:1).

Oldukça ilginç olan şu soruya odaklanalım: *"Sizi kim büyüledi?"* Takip eden ayetlerde göreceğimiz üzere mektubun muhatabı olan Galatyalılar, kurtarılmış, Kutsal Ruh'la vaftiz edilmiş ve Tanrı'nın aralarında yaptığı mucizevi işlere tanıklık etmişlerdi. Yine de büyülendiler. Buradan çıkarılacak ders şudur: Kurtarılmış, Ruh'la vaftiz edilmiş ve mucizeler yaşamış olabiliriz. Tüm bunlar Şeytan'ın aldatıcı gücüyle (bir anlamda *büyücülük*) büyülenmeyeceğimiz anlamına gelmez.

Peki ama Pavlus işin içinde büyücülük olduğunu nasıl anladı? Kanıtı neydi? Cevap çok önemli ve yol göstericidir. Gözlerinin önünde gerçekleşen İsa'nın çarmıha gerilmesi gerçeği büyü yoluyla gölgelenmişti. Bu bölümde sırasıyla gördüğümüz her şey, kilisenin içindeki büyücülüğün öncelikli amacının, İsa Mesih'in çarmıha gerildiği gerçeğini saklamaya yönelik olduğunu gösterir.

Bir sonraki ayette neler olduğuyla ilgili açıklama da çok aydınlatıcıdır:

*"Sizden yalnız şunu öğrenmek istiyorum: Kutsal Ruh'u, Yasa'nın gereklerini yaparak mı, yoksa duyduklarınıza iman ederek mi aldınız?"* (Galatyalılar 3:2).

Galatyalılar'ın Kutsal Ruh'u almış olduklarına dikkat edin. Pavlus onlara şunu soruyordu: "Kutsal Ruh'u nasıl aldınız? Musa'nın Yasası'na uyarak mı yoksa müjdeyi imanla duyarak mı?"

*"Bu kadar akılsız mısınız? Ruh'la başladıktan sonra şimdi insan çabasıyla mı bitirmeye çalışıyorsunuz? Boş yere mi bu kadar acı çektiniz? Gerçekten boşuna mıydı? Size Kutsal Ruh'u veren ve aranızda mucizeler yaratan Tanrı, bunu Yasa'nın gereklerini yaptığınız için mi, yoksa duyduklarınıza iman ettiğiniz için mi yapıyor?"* (3-4 ve 5. ayetler).

Galatyalılar'ın sorununun kökünde yatan şey, İsa'nın çarmıha gerildiği gerçeğinin, harekete geçen şeytani bir güç tarafından gölgelenmesiydi. Bunun sonucunda ortaya çıkan iki sorun; dünyevilik ve kuralcılıktı. Tanrı'nın iradesini gerçekleştirmek ve O'nu hoşnut etmek için, kendi insani çabalarına geri dönmüşlerdi. Tanrı'nın gözünde aklanmak için her türlü kurala uymaya geri döndürülmüşlerdi. Böyle davranarak, Mesih'in ölümünün amacını ıskalamışlardı. Pavlus bunun sonucunda ortaya çıkan tabloyu şöyle ifade etti:

*"Yasa'nın gereklerini yapmış olmaya güvenenlerin hepsi lanet altındadır. Çünkü şöyle yazılmıştır: "Yasa Kitabı'nda yazılı olan her şeyi sürekli yerine getirmeyen herkes lanetlidir'"* (Galatyalılar 3:10).

Pavlus'un söylemek istediği şuydu: "Yasanın gereklerini yerine getirerek aklanmaya çalışmaya geri dönerseniz, tüm yasayı harfiyen ve her zaman yerine getirmek zorunda olduğunuzu unutmayın. Aksi takdirde lanet altında olursunuz." İsrailliler Kenan ülkesine girdiğinde yapmaları gereken ilk şeylerden biri, yasayı harfiyen ve her zaman tutamadıkları için kendilerine lanet okumaktı. Yasanın bir kısmına uymanın bize faydası olmadığını anlamamız gerekiyor. Eğer yasanın gereklerini yerine getirerek aklanacaksak, yasaya harfiyen ve daima uymalıyız. Ve Tanrı'nın gözünde hiçbirimiz yasanın işleyişiyle aklanamayız. Aksini düşünmek, özellikle insanın gururunu okşayan Şeytan'ın bir kandırmasıdır.

Yıllar önce Birleşik Krallık ordusundayken Rab'bi tanıdım ve O'nun bir tanığı oldum. Diğer asker arkadaşlarımdan çok farklı bir hayat yaşadığımdan, birçoğu bana bunun nedenini sordu. "Dindar oldun" diyerek benle dalga geçtiler. Onlara. "Hayır dindar olmadım, kurtarıldım" dedim. Sonra onlara kurtulmanın ne olduğunu anlatmaya çalıştım. Şaşırtıcı bir şekilde, konuştuğum her bir kimse kendi uyduğu kurallarla ilgili küçük bir listeyi önüme koyuyordu. Her listede kişinin hayatına göre özel olarak ölçülüp biçilmiş kurallar vardı. Başka bir deyişle, Tanrı'nın gözünde aklanmakla yüzleşen insanın ilk tepkisi "Kuralları yerine getireceğim" şeklinde olur. Bazen Hristiyanlar'ı şoka sokan şu sözleri defalarca sarf ettim: "Hristiyanlık bir dizi kuraldan ibaret değildir!" Hristiyanlığı buna indirgersek, çarmıhın vizyonunu kaybederiz. İşte o zaman Tanrı'nın gücünü de kaybederiz.

### Öldüren Kuralcılık

Basitçe ifade edersek, Galatya kilisesinde büyücülüğün etkin olduğunun iki işareti, kuralcılık ve dünyevilikti. Kuralcılığın olduğu her yerde, arka planda büyücülük vardır. Kuralcılık, Tanrı'nın amaçlarına yönelik en büyük tehdittir. Bazıları ahlaksızlık ve dünyeviliğin en büyük tehdit olduğunu söyleyebilir. Ama aslında kuralcılık her ikisinin de beslenme kaynağıdır. Peki, bu nasıl olabilir? Eğer insanlara devamlı olarak "Cinsel şehvetinizi dizginlemelisiniz" dersek ve onlara tüm verdiğimiz buysa, sonuçta ne olur? Aslında cinsel şehveti beslemiş oluruz. Pavlus şöyle dedi: *"Öyleyse ne diyelim? Kutsal Yasa günah mı oldu? Kesinlikle hayır! Ama Yasa olmasaydı, günahın ne olduğunu bilemezdim. Yasa, 'Göz dikmeyeceksin' demeseydi, başkasının malına göz dikmenin ne olduğunu bilemezdim"* (Romalılar 7:7). "Yapma! Bakma!" gibi olumsuzluk kipi içeren tüm kurallar dünyevi doğamızda etkin olurlar ve tam da kişinin sakınmasını söyledikleri şeyi beslerler.

Birçok insan, yeterince yasa yapmadan kitleleri kontrol altına alamayacağımızı düşünür. On beş yasa çıkarırlar ve insanlar kontrol altına alınamaz. Sonra otuz yeni yasa daha yürürlüğe sokarlar ve insanlar hala kontrol edilemez. Altmış yasa daha derken bu böylece sürüp gider. İnsanları daha iyi hale getirmek için ne kadar yasa yaparsanız, dünyevi doğayı o kadar çok beslemiş olursunuz. Ve dünyevi doğamızın iyi bir şey üretebilme kapasitesi yoktur.

Pavlus'un mektupları arasında en ilginç olanı Galatyalılar'a yazdığıdır. Galatyalılar, Pavlus'un yazmaya başlarken hitap ettiği insanlar için Tanrı'ya şükretmediği tek mektuptur. Korint kilisesinde Rab'bin Sofrası'na sarhoş katılmak, cemaat içi çarpık ilişkiler ve ahlaksızlıklar olduğu halde, Korintliler'e yazdığı mektupta Pavlus bu kiliseye vermiş olduğu lütuflar için Tanrı'ya şükretti. Ama Galatyalılar'a yazarken o kadar rahatsızdı ki, Rab'be onlar için hiçbir teşekkür imasında bulunmadı. Onun yerine mektubuna şu şekilde başladı: *"Sizi Mesih'in lütfuyla çağıranı bırakıp değişik bir müjdeye böylesine çarçabuk dönmenize şaşıyorum"* (Galatyalılar 1:6). Sorun neydi? Kuralcılık. Pavlus bunu ahlaksızlık ve sarhoşluktan daha büyük bir tehdit olarak gördü (sarhoşluk ve ahlaksızlığı hoş görmenizi asla önermediğimi de belirtmek isterim).

Şimdi kuralcılığın tarifini vermeye çalışacağım. İlk olarak, bir dizi kurala uymaya çalışarak Tanrı'nın gözünde aklanmaya çalışma girişimi olarak tanımlayacağım. Tanrı'nın bunu aklanma aracı olmaktan çıkardığını biliyoruz. Galatyalılar

2:16'da, *"Çünkü hiç kimse Yasa'nın gereklerini yaparak aklanmaz"* diyor. Bunu yapmak imkânsızdır.

İkinci olarak kuralcılık, Tanrı'nın O'nun gözünde aklanmamız için belirttiği şeye başka talepler eklemektir. Tanrı'nın gözünde aklanmamızın gereği Romalılar'da açıkça belirtilmiştir: Suçlarımız için ölüme teslim edilen Rabbimiz İsa'yı ölümden dirilten Tanrı'ya iman ederseniz aklanırsınız (bkz. Romalılar 4:22-25).

Tanrı'nın gözünde aklanmamızın başka hiçbir yolu yoktur. Buna hiçbir şey eklenemez. Hiçbir kişi, kilise, grup veya vaizin, Yeni Antlaşma'da belirtilen Tanrı'nın önünde aklanma koşuluna bir şey eklemeye yetkisi yoktur. Kuralcılık hem bir dizi yasaya uymaya çalışarak Tanrı'nın gözünde aklanmaya çalışmak, hem de Tanrı'nın Yeni Antlaşma'da belirttiği koşullara ekleme yapmaktır.

## BÖLÜM 5

## BÜYÜCÜLÜĞÜN DOĞASI

*Çünkü başkaldırma, falcılık kadar günahtır.*
*Ve dik başlılık, putperestlik kadar kötüdür.*
*-1. Samuel 15:23*

Samuel peygamberin Kral Saul'a yönelttiği bu sözlerde, iki günahlı davranış tarzını gösteren iki karşılaştırma var. Bu karşılaştırmalar Tanrı'nın gözünde bu davranışların değerini gösteriyor. Başkaldırma büyücülükle, dik başlılık da putperestlikle eşdeğer tutuluyor.

Önce dik başlılık üzerinde düşünelim. Ayet, dik başlılığın bir tür putperestlik olduğunu söylüyor. Bu ne şekilde görülür? İnatçı insanlar kendi fikirlerinden putlar yaparlar. Bunun ışığında, günümüzde kilisedeki davranışlarımızı düşünmek ilginçtir. Genellikle ayyaşları ve ahlaksızları kabul etmeyiz. Ama kilisede kaç inatçı insan var biliyor muyuz? Tanrı'nın gözünde onlar putperesttir. Kiliselerimizde elinde ahşap bir putla gelip onun önünde tapınan birine karşı hoşgörü gösterilmez. Ama birçok inatçı insana bu hoşgörüyü gösteririz ve aslında bu tip insanlar dikkatimizi bile çekmez. Tanrı'nın gözünde onlar putperesttir.

Şimdi dikkatlice başkaldırma üzerinde odaklanalım. Ayet, büyücülüğün (falcılığın) kökünde başkaldırma olduğunu söylüyor. İsyankârlık gördüğünüz yerde büyücülüğün de olduğunu beklemelisiniz. Bunu özgürleştirme hizmetinde bulunurken öğrendim. Örneğin, büyücülük ruhundan özgürleşme ihtiyacıyla gelen biri, benzer şekilde başkaldırma ruhundan da özgür kılınmaya ihtiyaç duyar. Ve aksine, başkaldırma ruhuyla karşılaştığım her vakada da, büyücülük ruhunun olup olmadığını mutlaka kontrol ederim. Bunlar birbiriyle yakından bağlantılıdır.

Kral Saul'un Tanrı Sözü'nün yetkisini reddettiği gibi, başkaldırma da Tanrı'nın yasal yetkisini reddeder. Yetki olmadan hayatta uzun süre var olamayız. Eğer yasal yetkimiz yoksa yasal olmayan yetki bu boşluğu doldurur. Yasal olmayan yetki yanlış bir güçle desteklenir. Başkaldırmayı destekleyen gayri kanuni güç büyücülüğün gücüdür. Gerçekten de, gayri kanuni yetkinin kullanıldığını gördüğümüz her yerde, büyücülükle karşılaşmaya hazır olmalıyız.

1960'larda Amerika Birleşik Devletleri'nde bunun açık bir örneğini gördük. Genç insanlar neredeyse kabul gören her tür toplumsal otoriteye (aileler, kilise, hükümet, her şey) sırtlarını döndüler ve isyankâr bir nesil oldular. Geçen yıllar boyunca bu "asiler"le epeyce haşır neşir oldum ve Rab'le tanışan birçoğuyla halen arkadaşız. Ancak neredeyse istisnasız bir şekilde, bu isyana katılanların tümü esrarengiz işlere, doğaüstü şeytani ayinlere ve büyücülüğe de bulaşmışlardı. Ruhsal deneyimlerin mantığı budur. Er veya geç büyücülüğün gücü altına girmeden, bu denli kararlı bir şekilde isyana devam etmek imkânsızdır.

Kral Saul örneğine geri dönersek, hikayede ele geçirilen hayvanların hepsinin katledilmesiyle ilgili Samuel'in emrine Saul'un itaat etmediğini hatırlayalım. Saul emre itaat etmek yerine kendi deyimiyle en iyilerini, Tanrı'ya sunmak için kendine sakladı. Tanrı şöyle dedi: "Senin sununla ilgilenmiyorum, çünkü itaatsizlikten kaynaklanıyor." İsrail'in kralı olarak Saul aslında tüm büyücüleri ülkeden kovmuştu (bkz. 1.

Samuel 28:3). Ancak ölümünden hemen önce, Tanrı'nın sesini duyamadığında çaresizliğe kapıldı ve danışmak için bir büyücüye gitti (7. ayet). Bu bir tesadüf değildir, neden sonuç ilişkisidir. Bu konuyu vurgulamak istiyorum: Başkaldırının olduğu her yerde, er ya da geç büyücülük de olur. Başka bir konuyu da vurgulamak isterim: Büyücülükle karşılaştığınızda (doğaüstü şeytani güçler, her tür esrarengiz şey), eğer yalnızca esrarengiz şeylerle uğraşıyorsanız, işin köküne inmemişsiniz demektir. Çünkü kök isyankârlıktır.

## Büyücülüğün İki Yönü

Büyücülüğün doğal ve doğaüstü olmak üzere iki yönü bulunur. Birçok insan büyücülüğün benliğin işleri listesinde olduğunun farkında değildir. Büyücülük, düşmüş insan doğasının uzantısıdır.

*"Benliğin işleri bellidir. Bunlar fuhuş, pislik, sefahat, putperestlik, büyücülük, düşmanlık, çekişme, kıskançlık, öfke, bencil tutkular, ayrılıklar, bölünmeler, çekememezlik, sarhoşluk, çılgın eğlenceler ve benzeri şeylerdir"* (Galatyalılar 5:19-20).

Büyücülük benliğin bir işidir. Düşmüş insanın günahlı doğasının bir ifadesidir. Dünyevi doğamızdan dışarıya taşandır. Düşmüş doğamız insanları kontrol altına almak ister. İnsanlara bizim istediğimiz şeyleri yaptırmak isteriz ve bunu gerçekleştirmek için sıklıkla yasal olmayan araçları kullanırız.

**Benlikteki Büyücülüğün Üç Belirtisi**

Büyücülüğün doğal yönünü belirleyen üç anahtar kelime vardır ve eğer bunlar oluyorsa, farkına varsanız da varmasanız da büyücülükle karşılaşmışsınız demektir. Bu üç anahtar kelime şunlardır: *Hükmetme, hile* ve *yıldırma*. Nihai amaç kontrol etmek veya hükmetmek ihtiyacıdır. Kişi duruma bağlı olarak kontrolü sağlamak için hile veya yıldırma yolunu seçebilir.

Unutmayın, bu daha büyücülüğün benlikte etkin olan doğal yönü; henüz doğaüstü bir şeyden söz etmedik. Büyücülük, benliğin işi olarak toplumun her alanında etkindir. Bazı örnekler vereyim. İnsanlar hoşlansa da hoşlanmasa da, Tanrı aile içinde belli bir yapı belirlemiştir. Koca, karısının başı olarak tanımlanır (bkz. Efesliler 5:23). Tanrı insanın aile içindeki başa geçme çabalarına göre bu düzeni değiştirmez. Tanrı'nın düzeninde, anne ve babalarının yetkisi altında olan çocuklar ebeveynlerinin yetkisine bağımlı kılınmıştır. Büyücülük burada devreye girerek, hile veya yıldırma yoluyla bu mükemmel yetki düzenini devre dışı bırakmak için çalışır.

Önce çocukları ele alalım. Çocuklar her yaşta hileye başvurabilir. Beş yaşında hileyi öğrenirler. Misafirlerini ağırlarken onlara kurabiye ikram eden bir anneyi düşünelim. Evin ufaklığı, annesinin kurabiyelerden almasını istemediğini bilir. Ama misafirler oradayken annesinin ona hayır diyemeyeceğini de bilir. Böylece, gelir ve misafirlerin önünde annesine seslenir: "Anne, bir kurabiye alabilir miyim?" Annenin ne yapacağını tahmin edebilirsiniz. Muhtemelen ona istediğini verecektir. Burada olan şey, annenin hile yoluyla kandırılmasıdır.

Büyücülük anne ve babalarda da olabilir. Büyücülüğün kadında genellikle etkin olduğu yol hiledir. Erkekte ise yıldırma, gözdağı vermedir. Ama her iki cinsin de amacı aynıdır: Diğerini kontrol etmek. Böylece kadın, istediği şey olmadığında ağlama nöbetleri geçirir, iletişimi keser ve dünyayı kocasına zindan eder. Sonunda kocası ne yapar? Teslim olur. Buna erkek açısından da aynı sıklıkta rastlayabiliriz ama bu durumda erkek zalim, kaba ve asabi mizaçlı bir adama dönüşebilir. Eğer ailede işler istediği gibi gitmiyorsa, bağırır, vahşileşir, tehdit eder ve tüm aile üyeleri adeta parmak ucunda dolaşmaya başlar. Tek istedikleri, evin babasının başka bir öfke nöbeti geçirmesine neden olmamaktır. Erkeğin yaptığı nedir? Ailesini yıldırmak. Amaç her şeyin istediği şekilde olmasıdır.

Sorun erkekle kadın arasında farklılık olması değildir. Tanrı'nın kurduğu mükemmel düzende, karı koca dua edip Tanrı'yı arayarak yüz yüze konuşmalıdır. Ancak hile, gerçek sorunla yüzleşmeyi engeller. Gerçek sorunlar asla ışığa çıkarılmaz. Milyonlarca evli çift farklılıklarını asla gerçekten göz önüne sermezler. Bunun yerine, kendi istediklerini yaptırmak için eşlerinin açıklarını ararlar. Bu hiledir.

**Kutsal Kitap'taki Büyücülük Örnekleri**

Kutsal Kitap'ta büyücülüğün yüksek seviyede görüldüğü iki örnek Delila ve İzebel'dir. Delila'nın hikayesinde, Şimşon Kutsal Kitap'ın güçlü adamı olmasına rağmen, Delila ondan daha güçlüydü. Kutsal Kitap, Delila'nın Şimşon'a baskı yaptığını, bezdirdiğini, ağladığını, huysuzluk yaptığını söyler. Şimşon'a şöyle dedi: "Beni gerçekten sevmiyorsun. Bana sırrını söylemedin." Sonunda, Delila onu pes ettirdi (bkz. Hakimler 16:4-22). Bir kadının büyücülüğüyle başa çıkabilecek kadar güçlü olan erkek sayısı azdır. Epey az. Başkan ya da genel koordinatör sıfatıyla şirketler yöneten güçlü adamların, kendi eşleriyle ilgilenirken hile yoluyla kandırıldıklarını çok gördüm.

Kutsal Kitap'taki bir diğer örnek İzebel'dir. Pek de çekici bir kadın değildi. Ama kocası Ahav'a istediğini yaptırmanın yolunu biliyordu. Aslında, İsrail'in yönetimini ele aldı ve daha önce bahsettiğimiz ilkeleri güçlendirdi: Zor ve hile ile tahta oturma ve gayrimeşru yetki. Yeni Antlaşma'nın Vahiy kitabının 2. bölümünde İzebel'e atıfta bulunulurken, ondan kilisenin içinde olan biri olarak bahsedilmesi ilginçtir. Yeni Antlaşma, büyücülüğün kiliseye sızacağı konusunda bizi uyarır ve günümüzde bunun örneklerini görüyoruz.

Kilisede hilenin olduğuna dair birçok örnek gösterilebilir. Tipik bir Pentekostal cemaati ele alalım. Genç bir pastörün, yüz kişilik bir cemaatte göreve başladığını düşünün. Biraz gergin ve çekingendir. Cemaatinde ruhsallıkta gelişmiş iki kız kardeşi olsun. Bu kızların ruhsallıkta süper gelişmiş ve bir kilisenin nasıl yönetilmesi gerektiğini bilen kişiler olduğunu varsayalım. Pastörle birlikte oturup, dua edip konuşmak yerine, birisi dillerle konuşup diğeri de bunu tercüme eder. Böyle davranan iki kız, pastöre ne yapmasını gerektiğini bu yöntemle söyler. Bu nedir? Hile yoluyla kandırma.

Benliğin işi olarak büyücülüğün üç göstergesi olduğunu görüyoruz: Hile, yıldırma ve hükmetme. Bu davranışları gördüğünüz yerde, perde arkasında büyücülüğün gücü vardır. Gözleriniz bu gerçeğe açıldığında, bunlarla başa çıkabilmek çok daha kolaydır. Söz konusu üç davranış şekli gerçektir ve hayatımızla yakından ilgilidir. Bunların gerçekleştiği yer başka bir ülke ya da gezegen değildir. Kiliselerimizde, evlerimizde ve ailelerimizin içinde gerçekleşen olaylardır. Büyücülüğün geliş nedeni asla bize bir fayda sağlamak değildir. İsa'nın ne dediğini unutmayın: *"Hırsız ancak çalıp öldürmek ve yok etmek için gelir..."* (Yuhanna 10:10). Eğer hırsızı ağırlarsanız, tam olarak bu üç şeyi yapmasını bekleyebilirsiniz.

**Büyücülüğün Doğaüstü Yönü**

Benliğin bir işi olarak büyücülüğü gördük. Şimdi de büyücülüğün yalnızca benliğin değil ama bir cinin, ruhsal bir gücün işi olduğu gerçeğini keşfedelim. Galatya Kilisesi'ne sızmış olan gücün bu olduğuna inanıyorum. Doğaüstü bir güçten bahsediyoruz. Bu, insan kapasitesini aşan bir şeydir. Bütün doğaüstü tezahürlerin Tanrı'dan gelmediğinin farkında olmalıyız. Aslında birçoğu Şeytan'dan gelir. İnsanın ulaşabileceği iki doğaüstü kaynak vardır: Tanrı veya Şeytan. Bir doğaüstü gücün kaynağı ya Tanrı'dır ya da Şeytan. Tanrı'nın Krallığı ışığın krallığıdır. Tanrı'nın Krallığı'nda kime ait olduğumuzun farkında oluruz ve Tanrı'nın ne yaptığını görürüz. Çünkü her şey "ışıkta" gerçekleşir. Ama Şeytan'ın krallığı karanlığın krallığıdır. O krallıkta bizi yönlendirenin ve kontrol edenin ne olduğunu anlayamayız. Çünkü her şey "karanlıkta" gerçekleşir.

Büyücülüğün doğaüstü yönünün üç ana kolu vardır. Bunlar büyücülük, falcılık ve putlaştırılan nesneler olarak sıralanabilir. Doğaüstü şeytani güçlerin tüm etkinlik alanı bunlardan oluşur ve her birini Kutsal Kitap'tan bir örnekle açıklayacağım.

## Büyücülük

Büyücülük, doğaüstü şeytani faaliyetin *güç* koludur. Gücünün kaynağıdır. Büyü ve lanet gibi uygulamalarla etkin olur. Çok eski bir uygulama olan lanet okuma, büyücülüğün belki de en güçlü silahıdır. Çölde Sayım 22'de, büyü doktoru diye de adlandırabileceğimiz Balam'ın hikayesini görüyoruz. 10. ayette Balam, Balak'tan aldığı teklifi Tanrı'ya açıkça anlatıyor:

*"Balam Tanrı'yı şöyle yanıtladı: 'Sippor oğlu Moav Kralı Balak bana şu bildiriyi gönderdi: Mısır'dan çıkan halk yeryüzünü kapladı. Gel de benim için onlara lanet oku. Olur ki, onlarla savaşmaya gücüm yeter, onları kovarım'"* (Çölde Sayım 22:10-11).

Kutsal Kitap'ta geçen olayların yaşandığı kültüre göre bu uygulama olağandı. Kralların ya da başkalarının savaşa giderken yalnızca doğal düzeyde değil, doğaüstü düzeyde de kapışmaları çok normaldi. Herkes düşmanlarını lanetlemek için büyü doktorlarına başvururdu (İÖ 19. Yüzyılda Mısır firavunları tarafından 66 değişik ulusa karşı okunan bir lanet listesi vardı). Bu uygulama, düşmanı savaşta zayıflatıp yenebilmek için başvurulan bir girişimdi. Golyat Davut'la karşı karşıya geldiğinde onu kendi tanrılarının adıyla lanetledi. Bu basit bir kabadayılık gösterisi değildi. Gerçekten "Benim tanrılarım senin Tanrı'nı yener" iddiasında bulunuyordu.

Kesinlikle, eski savaşlar sadece ulusların karşılıklı çatışmasından ibaret değildi. Ulusların tanrıları karşılıklı olarak güç denemesinde bulunuyorlardı. Örneğin, Tanrı Mısır'ın icabına bakıp İsrail halkını oradan dışarı çıkardığında, Mezmur'un dediğine göre Tanrı, Mısır'ın tanrılarını sadece doğal yöneticiler olarak değil, ruhsal yöneticiler olarak da yargıladı (bkz. Çıkış 12:12, Yeremya 43:12, Mezmur 135:8-10, 82:1.) Balam kiralanmıştı çünkü iyi lanet okuyordu; bu onun mesleğiydi.

## Falcılık

Doğaüstü şeytani faaliyetin ikinci kolu falcılıktır. Falcılık, büyücülüğün *bilgi* koludur. Kaynağı güç değil, daha önce belirttiğim gibi insanın günaha düşmesine neden olan bilgidir. Kutsal

Kitap'tan bir örnek vermek gerekirse, Elçilerin İşleri 16. bölümde Pavlus ve Silas'ın müjdeyi vaaz etmek için Filipi'ye ilk vardıklarında başlarına gelenlere göz atabiliriz:

*"Bir gün biz dua yerine giderken, karşımıza, falcılık ruhuna tutulmuş köle bir kız çıktı. Bu kız, gelecekten haber vererek efendilerine bir hayli kazanç sağlıyordu"* (Elçilerin İşleri 16:16).

Aslında Yunanlılar "piton ruhuna tutulmuş" veya "bir piton ruhu" derler ve bu bir anlamda bir yılan ruhudur. Yılanların pagan toplumunda bilginin ve bilgeliğin kaynağı olarak görüldüğünü unutmayalım. Bu arada köle kızın tamamen gerçeği söylediğini de önemle belirtelim. Kız bunları doğal yollarla değil doğaüstü yollarla biliyordu. Bu yeteneğe sahip olan kız basit bir köleydi. Ama *"Gelecekten haber vererek efendilerine bir hayli kazanç sağlıyordu."* (Köle olduğundan kazanç kendisine değil doğrudan efendilerine gidiyordu.)

*"Pavlus'u ve bizleri izleyerek, 'Bu adamlar yüce Tanrı'nın kullarıdır, size kurtuluş yolunu bildiriyorlar!' diye bağırıp durdu"* (17. ayet).

Şaşırtıcı bir şekilde söylediği şey tam olarak doğruydu. Geçmişte, çağdaş misyon faaliyetlerinde bu tip bir genç bayanın kilisenin sonsuza dek kurucu üyesi olabileceği yorumunda bulunmuştum. Ayetteki köle kız, Pavlus ve Silas'ın gerçekten kim olduğunu anlayan ilk kişiydi. Ancak Pavlus, kızın bunu Tanrı'nın Ruhu'yla değil, falcılık ruhuyla yaptığını biliyordu. Sonunda, arkasına dönerek ruha kızın içinden çıkmasını emretti. Ruh çıkıp gittiğinde, kız gelecekle ilgili bir şey söyleme yeteneğini kaybetti. Kızın efendileri, kazanç umutlarının yok olduğunu görünce Pavlus'la Silas'ı yakalayıp çarşı meydanına, yetkililerin önüne sürüklediler ve sonra tarih tekerrür etti (16. ayetin devamını okuyun.) Tek bir köle kızın falcılık ruhundan özgür kılınması, bütün şehri alt üst etmeye yetti.

Bu noktada Pavlus Şeytan'ın kiliseye karşı yürüttüğü sinsi taktiği boşa çıkardığı için, sadece Şeytan'ın krallığının doğal yönüyle fiziksel anlamda boğuşmuyordu, bunun sonucu olarak işe karışan Şeytan'ın göksel yerlerdeki krallığıyla mücadeleye girişiyordu. Pavlus'un gittiği her yerde ayaklanma çıkması çok dikkat çekicidir. Daha sonra, Korintliler'e yazdığı 2. mektupta kendisini yumruklayan Şeytan'ın bir meleğinden bahseder (bkz. 2. Korintliler 12:7). Bunu mecazi anlamda söylediğini zannetmiyorum. Gerçekten dediği gibiydi. Kendi gittiği her yerde ayaklanma tertipleyen Şeytan'ın bir meleğiyle savaşıyordu. Bugün çevremize baktığımızda neden hiçbir ayaklanma görmüyoruz? Belki de Şeytan'ı yeterince rahatsız etmediğimizdendir! Kilise amacına uygun hareket ettiği zaman, çok daha fazla ayaklanma olacağına inanıyorum. Aynı zamanda dinsel uyanış toplantıları da olacaktır. Ayaklanma çıkmadan kaç tane bu tip toplantının düzenlenebileceğini bilmiyorum. Karar vermemiz gerekir: "Bu bedele değer mi?"

*Putlaştırılan Nesneler*

Doğaüstü şeytani faaliyetin üçüncü kolu bu tip nesnelerdir. Bunlar boyna takılan veya cepte taşınan muskalar, nazarlıklar, uğur kolyeleri, duvara asılan at nalı gibi şans getireceğine inanılan nesneler veya özel güç atfedilen iksirler olabilir. Aşk iksiri örneğine sık rastlarız. Bir kadın şöyle diyebilir: "Şu adamın bana aşık olmasını istiyorum. Bu yüzden bir büyü doktoruna gideceğim ve ondan bir iksir alacağım. Adamın yemeğine bu iksiri katıp bana aşık olmasını sağlayacağım."

Eşim Ruth ve ben, bazı Hristiyan kardeş ve kız kardeşlerle birlikte Zambiya'da bulunuyorduk. Orada bulunduğumuz zaman esnasında, kısır ve çocuk doğuramayan her kadın için dua etmeyi önerdik. Afrikalılar için bu tam bir felakettir. Hristiyan olduğunu iddia eden yaklaşık dört yüz bayan dua için geldi. Bununla birlikte duaya başlamadan önce birisi şu soruyu sordu: "Kaçınız kısırlıktan özgürleşmek amacıyla bir iksir almak için bir büyü doktoruna gitti?" Hepsi gitmişti, ama yalnızca ikisi elini kaldırdı. Böylece, bu alışkanlığın orada seyrek veya az başvurulan bir uygulama olmadığının farkına vardık.

Putlaştırılan nesneler, uyuşturucu yoluyla da etkin olabilir. Uyuşturucu alışkanlığının tarihine baktığımızda bunu tüm açıklığıyla görürüz. Bu insanların tümü İsa'ya geldiklerinde, uyuşturucunun gücünden özgürleşmek ihtiyacını hissedeceklerdir.

Putlaştırılan nesnelerle ilgili Vahiy 9. bölümde çizilen resme bir göz atalım. Bu metinde, gelecekte Tanrı'nın yargısının açıkça görüneceği ve günahkârların üzerine ineceği bir sahne tasvir ediliyor:

*"Geriye kalan insanlar, yani bu belalardan*

*ölmemiş olanlar, kendi elleriyle yaptıkları putlardan dönüp tövbe etmediler. Cinlere ve göremeyen, işitemeyen, yürüyemeyen altın, gümüş, tunç, taş, tahta putlara tapmaktan vazgeçmediler. Adam öldürmekten, büyü, fuhuş, hırsızlık yapmaktan da tövbe etmediler"* (Vahiy 9:20-21).

Cinsel ahlaksızlık ve şiddet, putlaştırılmış nesnelerle kol kola gider. Çağdaş uygarlığımızda şiddetin bu denli tırmanmasını büyük ölçüde putlaştırılmış nesnelere bağlıyorum. Bu konularda dua ederken, köklere (putlaştırılmış nesneler) inen dualar etmemiz gerekir.

### *Büyücülük Gayrimeşru Yetki Üretir*

Başkaldırı olarak ifade edilen büyücülüğün gayrimeşru yetki ürettiğini ve desteklediğini zaten görmüştük. Başkaldırı kilisede kendini kural dışı bazı faaliyetlerle belli eder. Şimdi bu faaliyetleri, mevcut kavramları nasıl çarpıtıp yok ettiklerini de göstererek sıralamaya çalışacağım.

### *Dünyeviliği Ruhsallıktan Üstün Tutmak*

Büyülenme etkisi dünyevi zevkleri pompalayıp ruhsallığı boğmaya çalışarak kendini gösterir. Eski Antlaşma mantığıyla söylemek gerekirse, büyülenme etkisi İshak'ın yerine İsmail'i koyar. Müslümanlar İbrahim'in İshak'ı değil, İsmail'i kurban ettiğini öğretir. Müslümanlar İsmail'in yasal varis olduğuna inanırlar. İsmail'i İshak'ın yerine koymak büyülenme etkisinin göstergesidir. Tanrı'nın, Kutsal Ruh aracılığıyla belli ettiği iradesine uymayan, kendi inisiyatifimizle yaptığımız her şey bir İsmail üretir. İbrahim'in yaşadıkları hepimiz için sert bir uyarıdır. İbrahim İsmail'i dört bin yıl önce üretti ve geçen yıllar boyunca İbrahim'in meşru çocukları İsmail'le hep sorun yaşadılar. Günümüzde bu sorunlar Ortadoğu'da yaşanan gerginliklerle doruk noktasına çıkmaktadır.

### *İlahiyatı Vahiyden Üstün Tutmak*

Büyülenme etkisi ilahiyat üretir ve onu vahyin üzerine koyar. Kilisenin en büyük sorunlarından biri de budur. Açık olarak söylemem gerekirse, günümüzdeki seminerlerin birçoğu Şeytan'ın hizmetkârlarını yetiştiriyor. Bu, şok edici ve gerçek bir ifadedir. Kilisedeki sorunların çoğu, insan düşüncesini kutsal vahiyden üstün tutmaktan kaynaklanır. Yukarıda söylediklerim, bütün seminerler için değilse de bence birçoğu için geçerlidir.

## Eğitimi Öğrencilikten Üstün Tutmak

Büyülenme etkisinin kilise içindeki tezahürü, eğitimin öğrenciliğin üzerine çıkartılmasıdır. Bir ilahiyat semineri ya da Kutsal Kitap okuluna gidip üç yıl o sınıflarda dirsek çürütürsek, birçok önemli bilgiler ediniriz. Bilgi ne yapar? Bizi şişirir. İsa böyle yapmadı. Öğrencilerinin kendisini takip etmesini ve O'na hizmet etmelerini sağladı. Eğitimi hizmetle birleştiremezsek, yanlış sonuçlar üretiriz. İnsanları bilgiyle donatırken şişinmelerine engel olabilmek için, hizmet etmelerini mümkün kılacak bir ortam sağlamak gerekir.

## Psikolojiyi Ayırt Etmekten Üstün Tutmak

Büyülenme etkisi, psikolojiyi ayırt etmenin üzerine çıkartır. İsa kuyuda Samiriyeli kadınla karşılaştığında ona çocukluğuyla, ne zaman doğduğuyla, ebeveynleriyle sorunları olup olmadığıyla veya yaşamındaki sosyal yaralarla ilgili bir soru sormadı. Sadece "Beş kocan vardı" dedi. Ve tüm söylemesi gereken buydu. Bir bilgi sözü, psikolojinin ortaya çıkarabileceğinden çok daha fazlasını açığa çıkarabilir.

## *Programları Doğaüstü Yönlendirmeden Üstün Tutmak*

Büyülenme etkisi programları doğaüstü yönlendirmenin üzerine çıkartır. Öğrenciler müjdeyi Yahuda'da yaymak için asla bir program yapmadılar. Sadece Kutsal Ruh tarafından gönderildiler. Filipus'u Samiriye'ye gönderirken de bir program yapılmadı. Filipus kendini Samiriye'de buldu ve sonuçlar peşi sıra geldi.

## *Güzel Söz Söylemeyi Doğaüstü Güçten Üstün Tutmak*

Büyülenme etkisi hitabet sanatını doğaüstü gücün üzerine çıkartır. İsa öğrencilerine vaaz vermeleri için hiçbir eğitim vermedi. Bir defasında Charles Finney şöyle demişti: "Gördüğüm tüm hitabetle ilgili eğitimlerin bir amacı vardı: Söylediklerini sanki gerçekten öyle kastediyorlarmış gibi konuşmalarını sağlamak." Pavlus yüksek eğitim görmüş biriydi. Buna rağmen şöyle dedi:

*"Kardeşler, Tanrı'yla ilgili bildiriyi duyurmak için size geldiğimde, söz ustalığıyla ya da*

*üstün bilgelikle gelmedim. Aranızdayken, İsa Mesih'ten ve O'nun çarmıha gerilişinden başka hiçbir şey bilmemeye kararlıydım"* (1. Korintliler 2:1-2).

Aslında şunu diyordu: "İsa'nın ve çarmıhın, büyülenme etkisiyle gölgelenmesine izin vermeyeceğim." Bu çok dikkat çekicidir, çünkü Pavlus Korint'e gelmeden hemen önce Atina'daydı. Atina'da oradaki insanlarla onların tarzında iletişim kurmaya çalıştı. Yunan şiirinden alıntılar yaptı, onlarla entelektüel temelde buluşmaya çalıştı, ama sonuç hayal kırıklığıydı. Sanırım Atina'dan Korint'e gelirken Pavlus şöyle düşünmüştür: "Buraya kadar! Bundan sonra tek yapacağım şey çarmıha gerilmiş İsa'yı bildirmek olacak." Ve bunun Korint'teki sonucu muazzam oldu: Dünyanın en büyük kiliselerinden biri orada kök saldı ve büyüdü.

Ama Pavlus'un bir karar vermesi gerekiyordu: *"İsa Mesih'ten ve O'nun çarmıha gerilişinden başka hiçbir şey bilmemeye kararlıydım"* (1. Korintliler 2:2). Tartışmasız bir şekilde, büyülenme etkisi çarmıhtaki İsa'nın gözler önüne serilmesine karşı gelir.

*"Size zayıflık ve korku içinde geldim, tir tir titriyordum! Sözüm ve bildirim, insan bilgeliğinin ikna edici sözlerine değil, Ruh'un kanıtlayıcı gücüne dayanıyordu"* (3. ve 4. ayetler).

Seçenekler bunlardır: İnsan bilgeliğine dayanan güzel sözler veya doğaüstü kanıtlayıcı güç.

## *Mantığı İmandan Üstün Tutmak*

Büyülenme etkisi insan mantığını imanın üzerine çıkartır. Tanrı bizi mantık yoluyla yönlendirmez; iman yürüyüşünde bizi adım adım yönlendirir. Bizimle ilgilenme şekliyle İbrahim'le ilgilenme şekli aynıdır. Bize nereye gideceğimiz veya neler olacağıyla ilgili bütün planı anlatmaz. Sadece şunu söyler: "Bir sonra atman gereken adım bu." İmanla yürürken, Kutsal Ruh'un doğaüstü onayına sahip oluruz. Kendi mantığımıza güvenirsek, mantığın ürettiğinden fazlasını elde edemeyiz.

## *Kuralcılığı Sevgiden Üstün Tutmak*

Son olarak, büyülenme etkisi kuralcılığı sevginin üzerine çıkartır. Gerçekten de tüm şu kuralcı ve dindar görünen insanların çoğu ne kadar sevgisiz değil mi? Aslında bu tip insanlardan uzak durmaya çalışırız. Bize doğru parmaklarını sallayarak "Bunu yapma, şunu yapma!" demelerini istemeyiz. Bu insanlar herkesi eleştirir. Kendi uydukları bir dizi kurala uymayan herkes yanlıştır.

*"Mesih İsa'da ne sünnetliliğin ne de sünnetsizliğin yararı vardır; yararlı olan, sevgiyle etkisini gösteren imandır"* (Galatyalılar 5:6).

Gerçekten fark yaratan, sevgi yoluyla etkin olan imandır. Bunun ne tür bir iman olduğuna dikkat edin. Bu iman ne ilahiyata dayanır ne de dogmatik hassasiyetlere. Sadece sevgi yoluyla etkin olur.

Yukarıda değindiğimiz faaliyetlerin her biri, çarmıhtaki İsa'yı gözlerden kaçırmak için Şeytan'ın kullandığı taktiklerdir. Kilise çarmıhta başarılan işi görme gücünü kaybettiğinde, İsa'nın zaferini Şeytan'ın üzerinde uygulayamaz hale gelir. Büyücülük bu hayati ve temel gerçeği görememesi için kilisenin gözlerini kör etti. Bu büyülenme etkisinin peçesini kaldırıp atmak ve gözlerimizi çarmıhın işine dikmek için kararlı bir gayret göstermeliyiz.

## BÖLÜM 6

## ÇARMIH'IN İŞİ

*"Çarmıhla ilgili bildiri mahva gidenler için saçmalık, biz kurtulmakta olanlar içinse Tanrı gücüdür." -1. Korintliler 1:18*

Bu kitap vasıtasıyla da gördüğümüz gibi, İsa'nın Şeytan'ı mutlak, sonsuz ve geri dönüşü olmayan bir yenilgiye uğrattığını hep aklımızın en ön sırasında tutalım. Hiçbir şey bu gerçeği değiştiremez. Şeytan bu yenilgiden asla kurtulamaz, ancak İsa zaferini hayata geçirme işini kiliseye bırakmıştır. Bu yüzden, kilisenin gelişmesini engellemek için Şeytan'ın başvurduğu taktik, çarmıhta gerçekleşen işi gölgelemektir. Geçen bölümde belirttiğim gibi, çarmıhın gücünü gölgelemeye çalışan bu kötü güce büyücülük (büyülenme etkisi) diyoruz.

Kilisemizin bugünkü durumu, Pavlus tarafından şöyle tanımlanan Galatya Kilisesi'yle benzerdir:

*"Ey akılsız Galatyalılar! Sizi kim büyüledi? İsa Mesih çarmıha gerilmiş olarak gözlerinizin önünde tasvir edilmedi mi?"* (Galatyalılar 3:1).

Büyülenmenin etkisiyle ne oldu? Çarmıha gerilmiş İsa gözlerden kaçırıldı. Kilise çarmıhta başarılan işi görme gücünü kaybettiğinde, İsa'nın zaferini Şeytan'ın üzerinde uygulayamaz hale gelir.

Kendimizi korumak için dikkat etmeliyiz ve her türlü korunmanın kaynağı çarmıhın işini hayatlarımıza uygulamaktır. Çarmıhın işi iki unsurdan oluşur: İsa'nın bizim için yaptıkları ve bizim içimizde yapacakları. Öncelikle, O bize ihtiyacımız olabilecek her şeyi verdi ve düşmanımızı yendi. İsa'nın bizim için yaptığı şey budur. Bununla birlikte, O'nun bizim için yaptıklarından dolayı büyük heyecan duyan birçok insan, çarmıhın içimizde ne yapmak istediğini bir türlü anlamaya başlayamazlar. Eğer çarmıhın içimizde işi yoksa zaferden gerçek anlamda yararlanamayız. Çünkü kurnaz ve hileci düşmanımız bizi yener ve çöküşe sürükler.

Şimdi çarmıhın imanlının hayatında gerçekleştirdiği beş işe odaklanalım. Bir anlamda, bu popüler bir vaaz değildir. Size nasıl hemen zengin olacağınızı, tüm sorunlarınızı çözeceğinizi ya da önümüzdeki altı ay içinde tüm dualarınıza cevap alacağınızı söyleyecek değilim. Size çarmıhın zaferli işinin yaşamsal öneminin ana hatlarını vereceğim. Sözlerime başlamadan önce bir noktayı kesinlikle vurgulamak isterim. İsa'nın zaferinin doruk noktası çarmıhtır.

## 1. ŞİMDİKİ KÖTÜ ÇAĞDAN KURTARMAK

*"Babamız Tanrı'dan ve Rab İsa Mesih'ten sizlere lütuf ve esenlik olsun. Mesih, Babamız Tanrı'nın isteğine uyarak bizi şimdiki kötü çağdan kurtarmak için günahlarımıza karşılık kendini feda etti"* (Galatyalılar 1:3-4).

### Şimdiki Dünya Düzeni

Öncelikli meselenin ilk kurtuluş olduğuna inanıyorum. Tanrı'nın bizi şimdiki kötü çağdan çarmıh yoluyla kurtarmak istediğini anlamadan, Tanrı'nın bizim için ve bizim aracılığımızla ne yapmak istediğini kavrayamayız. Galatyalılar'da sırasıyla bahsedilen çarmıhın diğer dört kurtarma işinin her birine göz atacağız. Ama dördünün de, şimdiki kötü çağdan kurtulmak diye nitelediğimiz ilk kurtuluşun destekçileri olduğuna inanıyorum. Tanrı'nın amacının bizi şimdiki kötü çağdan kurtarmak olduğunu gerçekten anlıyor muyuz?

Yeni Antlaşma'da şimdiki toplumumuzu tanımlamak için kullanılan Yunanca kökenli iki kelime her zaman doğru tercüme edilmediğinden, bunlar üzerinde inceleme yapmamız gerektiğini düşünüyorum. İlki "dünya" olarak tercüme edilen *kozmos* kelimesidir. Ama Yeni Antlaşma'da bu kelime "yerküre" anlamında kullanılmaz. "Şimdiki dünya düzeni" anlamında kullanılır. Şimdiki dünya düzeninin belirgin özelliği, Tanrı'nın adil yönetimine boyun eğmemesidir. Tanrı'ya başkaldıran bir düzendir. Diğer taraftan kilise, dünyadan göreve çağrılan insanlardır. *Kilise* kelimesinin anlamı budur: "Göreve çağrılanlar topluluğu." Yuhanna 15. bölümde *dünya* kelimesi bir ayette beş kez geçer. İsa öğrencilerine şöyle dedi:

*"Dünyadan olsaydınız, dünya kendisine ait olanı severdi. Ne var ki, dünyanın değilsiniz; ben sizi dünyadan seçtim. Bunun için dünya sizden nefret ediyor"* (Yuhanna 15:19).

Burada dünya ile kilise arasında tam bir ayrılma çizgisi görüyoruz. Dünya Tanrı'ya isyan etmiş durumdadır. İsa'nın bağımsız seçimiyle Tanrı'nın halkı olmak için çağrılmış insanlardan oluşan kilise kendini Tanrı'ya teslim eder. Kilise Tanrı'ya ne kadar çok teslim olursa, dünya da ondan o kadar çok nefret edecektir.

İsa kardeşlerine şöyle dedi: *"Dünya sizden nefret edemez (çünkü dünyaya aitsiniz), ama benden nefret ediyor. Çünkü yaptıklarının kötü olduğuna tanıklık ediyorum"* (Yuhanna 7:7). Bugün eğer dünya kiliseden nefret etmiyorsa, kiliseyle iç içe geçmiş olmasındandır. Dünya kendinden neden nefret etsin ki? Kilisenin dünyanın yönetimini ele geçireceğini öğreten modern zaman öğretileri var. Ben buna inanmıyorum. Günümüzde tam tersi bir durum var. Eğer dünya kendini kiliseden tahliye etseydi ve kilise de dünyadan ayrılsaydı, dünyanın kiliseden gerçekten ne kadar çok nefret ettiğini görürdük.

## Şimdiki Kötü Çağ

Yeni Antlaşma'da çağdaş toplumlar için kullanılan ikinci kelime *aion*dur. "Bir çağ" anlamına gelir. Bir zaman ölçü birimidir. Tanrı'nın zaman planlaması birbirini takip eden çağları içerir. Kutsal Kitap'taki en güçlü ifade *"daima ve sonsuza kadar"* "çağlar boyunca" anlamına gelir. Bunun anlamı "çağlardan oluşan çağlar"dır. İnsan aklı bu ifadenin derinliğini kavrayamaz.

*Çağ* kelimesinin Galatyalılar'da kullanılma şekline bakalım: *"Mesih, Babamız Tanrı'nın isteğine uyarak bizi şimdiki kötü çağdan kurtarmak için günahlarımıza karşılık kendini feda etti"* (Galatyalılar 1:4).

Kutsal Kitap'ta şimdiki çağla ilgili açık gerçekler bulunur. Öncelikle, en önemli gerçek bu çağın bir sonu olduğudur. Sonsuza dek sürmeyecektir. Bunun için hep bir ağızdan "Tanrı'ya şükür" diyebiliriz. Şahsen, şimdiki çağın devam etmesini istemiyorum. Bu çağın tam bir karmaşa olduğunu ve durmadan daha kötüye gittiğini düşünüyorum.

*Çağ* kelimesini Matta 13'te de görüyoruz. Krallıkla ilgili bu harika meselde, İsa buğdayın önemi ve delicelerle ilgili açıklamalarda bulunuyor:

*"Deliceleri eken düşman, İblis'tir. Biçim vakti, çağın sonu; orakçılar ise meleklerdir"* (Matta 13:39).

İsa biçim zamanını bu çağın sonu olarak niteledi. Takip eden ayetler biçim zamanının, yani bu çağın sonunun ne zaman geleceğini açıklıyor.

*"Deliceler nasıl toplanıp yakılırsa, çağın sonunda da böyle olacaktır. İnsanoğlu meleklerini gönderecek, onlar da insanları günaha düşüren her şeyi, kötülük yapan herkesi O'nun egemenliğinden toplayıp kızgın fırına atacaklar. Orada ağlayış ve diş gıcırtısı olacaktır. Doğru kişiler o zaman Babaları'nın egemenliğinde güneş gibi parlayacaklar. Kulağı olan işitsin"* (Matta 13:40-43).

Doğrular ve günahkârlar bu çağın sonuna kadar birlikte var olacaklar. Onları birbirinden ayırmanın bizim işimiz olmadığını aklımızdan çıkarmamamız gerekir. Bu çok zor bir iştir. Köleler *"Gidip deliceleri toplamamızı ister misin?"* diye sordular. Mal sahibi *"Hayır"* dedi *"Deliceleri toplarken belki buğdayı da sökersiniz"* (28. ve 29. ayetler). Ama İsa şöyle dedi: "Çağın sonunda meleklerimi göndereceğim. Deliceleri söküp atacaklar ve geriye buğdaylar kalacak." Aynı bölümde İsa'nın dediklerine bakalım:

*"Çağın sonunda da böyle olacak. Melekler gelecek, kötü kişileri doğruların arasından ayırıp kızgın fırına atacaklar. Orada ağlayış ve diş gıcırtısı olacaktır"* (49. ve 50. ayetler).

Bu çağın bir sonu olduğunun farkına varmamız son derece önemlidir. Ama sanki hiç sonu gelmeyecekmiş gibi yaşıyorsak, gaflet içindeyiz demektir. Bu çağla ilgili ikinci gerçek, şimdiki çağın neden kötü bir çağ olduğunu açıklar.

*"Yaydığımız Müjde örtülüyse de, mahvolanlar için örtülüdür. Tanrı'nın görünümü olan Mesih'in yüceliğiyle ilgili Müjde'nin ışığı imansızların üzerine doğmasın diye, bu çağın ilahı onların zihinlerini kör etmiştir"* (2. Korintliler 4:3-4).

## Bu Çağın İlahı

İmansızların zihinlerini karartan kim? Şeytan. O nedir? *"Bu çağın ilahı."* Şüphesiz bu çağın sona ermesini istemez. Çünkü eğer bu çağ biterse, ilahlığının da biteceğini bilir. Ama kilisenin sorumluluğu, bu çağı sona erdirmek ve dolayısıyla Şeytan'ın ilahlık yaptığı düzeni yok etmektir.

İbraniler 6. bölümde, derin ruhsal deneyimler yaşayarak gelecek olan yeni çağın gücünü tatmış kimselerden söz edilir. Ama aynı insanlar, yaşadıkları bunca deneyime rağmen yoldan saptılar:

"*Bir kez aydınlatılmış, göksel armağanı tatmış ve Kutsal Ruh'a ortak edilmiş, Tanrı sözünün iyiliğini ve gelecek çağın güçlerini tatmış oldukları halde yoldan sapanları yeniden tövbe edecek duruma getirmeye olanak yoktur*" (İbraniler 6:4-5).

Burada yaşanan beş deneyim var: Aydınlatıldık, göksel armağanı (sonsuz yaşam) tattık, Kutsal Ruh'a ortak olduk, Tanrı Sözü'nün iyiliğini ve gelecek olan çağın gücünü tattık. Bence, tüm bunlar Kutsal Ruh'ta vaftizle gelir. Kutsal Ruh'la vaftiz olurken, doğaüstü bir mevcudiyetin içine daldırılırsınız. Bu deneyim şimdiki çağ için doğaüstüdür ama gelecek olan çağda doğal olacaktır. Burada ağzımıza çalınan bir parça tat, gelecek olan çağın gücü hakkında fikir verir. Tanrı bu çağla ilgili iştahımızı kaçırmak için yeni bir damak tadı verdi. Hristiyanlar gelecek olan çağın gücünün tadına baktıktan sonra neden bu çağın tadına tutkun olarak yaşasınlar ki?

**Bu Çağa Direnmek**

*"Dikenler arasında ekilen de şudur: Sözü işitir, ama dünyasal kaygılar ve zenginliğin aldatıcılığı sözü boğar ve ürün vermesini engeller"* (Matta 13:22).

Bu ayetteki *dünya* kelimesini "çağ" olarak tercüme etmek gerekir. Bu çağın kaygıları Tanrı Sözü'nü boğar ve bizi meyvesiz kılar. "Bu çağın" bir parçası olmayı göze aldığımızda, sonuç olarak onun kaygıları ve sorunlarıyla eziliriz. Ruhsal olarak meyvesiz hale geliriz. Başka bir çağa ait yaşamlar sürmeliyiz.

*"Bu çağın gidişine uymayın; bunun yerine, Tanrı'nın iyi, beğenilir ve yetkin isteğinin ne olduğunu ayırt edebilmek için düşüncenizin yenilenmesiyle değişin"* (Romalılar 12:2).

Bu çağın gidişine uymayı göze alamayız. Çözüm bir kurallar listesi değildir, çünkü onlar insanın içini değiştirmezler. Çözüm zihinlerimizin değişmesidir, çünkü ancak farklı düşünmeye başladığımızda yaşantımız da değişir. Din ile lütuf arasındaki fark budur. Din dışsal kurallardan oluşur - ne giyeceğimiz, saçlarımızın ne kadar kısa olması gerektiği, ne kadar ruj sürebileceğimiz ve diğer dışsal kurallar. Pavlus aslında şunu diyordu: "Bu çağın düşünce tarzıyla düşünmeyin. Düşünceleriniz değişsin. Bırakın Kutsal Ruh düşüncelerinizi ve değer yargılarınızı değiştirerek, size farklı öncelikler, farklı tutkular, farklı amaçlar versin. O zaman yaşamınız değişecektir."

Pavlus daha sonra, düşüncelerimiz yenilendiğinde Tanrı'nın iyi, beğenilir ve mükemmel iradesini keşfedeceğimizi anlatır. Birçok Hristiyan Tanrı'nın iradesini bulamaz, çünkü düşüncelerinde asla yenilenmezler. Yenilenmemiş zihinler Tanrı'nın iradesini keşfedemez. Dünyevi düşünce tarzı Tanrı'ya düşmandır. Tanrı sırlarını düşmanlarına açmaz. Ama düşüncelerimiz değiştikçe, Tanrı yaşamlarımız için planlarını da içeren sırlarını bize göstermeye başlayacaktır. Cennete gidecek olan milyonlarca Hristiyan, Tanrı'nın şu an yaşadıkları dünyadaki planını, düşüncelerinde yenilenmedikleri için kaçırmış olacaklar. İşte bu yüzden bu çağın gidişine uymamalıyız.

2. Timoteos'ta Yeni Antlaşma'daki en büyük trajedilerden biri anlatılır. Pavlus'un çok güvendiği ve uzun süre beraber çalıştığı işçi arkadaşları onu terk etti. *"Çünkü Dimas bu dünyayı*

(çağı) *sevdiği için beni terk edip Selanik'e gitti. Kriskis Galatya'ya, Titus Dalmaçya'ya gitti"* (2. Timoteos 4:10).

Dimas ahlaksızlık yapıp veya sarhoş olup günaha düştü demiyor. Sadece şimdiki çağa tutkuyla bağlandı. Şimdiki çağa olan sevgisinin, Pavlus'la beraber daha fazla yürümesini imkânsız kıldığı noktaya ulaştı. Rab'be hizmet etmek için çağrılan birçok insanın hayatında bunun gerçekleştiğini düşünüyorum. Bu çağa karşı besledikleri sevgi, çağrılarını tamamlamalarına engel oldu. Tanrı'nın hizmetkârı şimdiki çağı sevemez. Şimdiki çağa karşı direnebilmek için kararımızı vermeliyiz.

### Şimdiki Çağdan Kurtulmanın Sonuçları

Şimdiki kötü çağdan kurtulmuş olmanın iki belirgin sonucu vardır:

#### *Göklerdeki Vatandaşlık*

*"Kardeşler, hepiniz beni örnek alın. Size verdiğimiz örnek uyarınca yaşayanlara dikkatle bakın. Size defalarca söylediğim gibi, şimdi gözyaşları içinde tekrar söylüyorum: Birçok kişi Mesih'in çarmıhına düşman olarak yaşıyor"* (Filipililer 3:17-18).

Dikkat edin, onlar Mesih'in değil çarmıhın düşmanlarıdır. Başka bir deyişle, O'ndan istediklerini aldıkları sürece arkadaştırlar.

*"Onların sonu yıkımdır; tanrıları mideleridir. Ayıplarıyla övünür, yalnız bu dünyayı düşünürler"* (19. ayet).

Pavlus, çarmıhı kucaklamayı reddetmenin sonuçlarını özetledi. İsa Mesih hakkında güzel şeyler söyleyebilir ve O'na Kurtarıcımız diyebiliriz. Ama O'nun çarmıhını kucaklamazsak, varacağımız yer yukarıdaki ayetteki gibidir. Modern Hristiyanlar'ın birçoğunun göbeği onların tanrısıdır. Gerçeği söylemek gerekirse, Tanrı için ne yapabileceklerinden çok midelerine ne indirebileceklerini düşünürler. Hiçbir ırk, etnisite veya ulus bu sorundan muaf değildir.

Ama bu ayartmalara karşı direnenler için Pavlus şöyle dedi: *"Oysa bizim vatanımız göklerdedir..."* (Filipililer 3:20).

Göklerdeki vatandaşlık; bizim için ne anlam ifade ediyor? Ben Britanya ve Amerikan vatandaşlıklarına sahibim. Ayrıcalıklıyım. Ama sahip olduğum en önemli vatandaşlık, göklerdeki vatandaşlığımdır. Gerçekten fark yaratan tek vatandaşlık odur. Çarmıhı kucaklamanın ve şimdiki bu kötü çağdan ayrılmanın sonucu budur. Hristiyan'sanız, vatanınız göklerdedir.

Bir ülkenin vatandaşıysanız, o ülkenin pasaportunu almaya hak kazanırsınız. Vatandaşı olduğunuz ülkeye giriş yaparken, o ülkenin pasaportuna sahip olmayanlara göre çok daha kolay bir şekilde içeri kabul edilirsiniz. Kuyrukta dikilip sıranızı beklerken etrafınızı seyrettiğiniz oldu mu? Eşim yalnızca Amerikan vatandaşıdır. Bu yüzden onunla İngiltere'ye geldiğimde ben de Amerikan pasaportumu kullanırım. "Diğer pasaportlar" diyen sırada ayakta bekleriz. İngiliz pasaportu olan herkes yanımızdan geçip gider. Amerika'ya geldiğimizde diğer pasaportlular beklemek zorundadır ve biz geçip gideriz. Doğru pasaporta sahip olmak önemlidir. Vatandaşlığınız doğruysa doğru pasaportunuz olabilir. Göklerin pasaportunu (vatandaşı olduğunuz ülkeye bedava giriş hakkı) alabilmeniz için göklerdeki vatandaşlığa ihtiyacınız vardır.

## Mesih'in Dönüşünü Beklemek

Yalnızca göklerde bir vatanımız yok, aynı zamanda Mesih'in dönüşünü de bekliyoruz. Şimdiki bu kötü çağdan kurtulmuş olmanın ikinci işareti budur. Pavlus bunu şöyle ifade ediyor:

*"Oysa bizim vatanımız göklerdedir. Oradan Kurtarıcı'yı, Rab İsa Mesih'i bekliyoruz"* (Filipililer 3:20).

Rab İsa Mesih'i büyük bir istekle bekliyor muyuz? O yalnızca kendisini büyük bir istekle bekleyenler için geri gelecek.

*"Bir kez ölmek, sonra da yargılanmak nasıl insanların kaderiyse, Mesih de birçoklarının günahlarını yüklenmek için bir kez kurban edildi. İkinci kez, günah yüklenmek için değil, kurtuluş getirmek için kendisini bekleyenlere görünecektir"* (İbraniler 9:27-28).

O kendisini büyük bir istekle bekleyenlere görünecek. Şimdiki bu kötü çağdan kurtarılmadıysak, İsa'nın gelişini büyük bir istekle beklemeyeceğiz. İsa'ya iman ederek şimdiki bu kötü çağdan kurtulmuş olmanın hayatımızdaki sonuçları, göklerde bir vatanımız olması ve oradan geri gelecek olan Rab'bi büyük bir istekle beklememizdir.

## 2. YASADAN KURTARMAK

Şimdi Galatyalılar'a ve çarmıhla bize sağlanan ikinci kurtuluşa geri dönüyoruz. Daha önce belirttiğim gibi geri kalan bu dört kurtarış, ilk kurtarışın yani "şimdiki kötü çağdan" kurtulmanın farklı tamamlayıcı unsurlarıdır. Böylece, şimdiki bu kötü çağdan gerçekten özgürleşebilmek için, bunu takip eden dört özgürlüğe de kavuşmuş olduğumuzdan emin olmamız gerekir.

*"Çünkü ben Tanrı için yaşamak üzere Yasa aracılığıyla Yasa karşısında öldüm"* (Galatyalılar 2:19).

Mesih öldüğünde, yasaya karşı öldüm. Eski insanlığım O'nunla birlikte çarmıha gerildi. Böylece, çarmıh ve İsa'nın ölümü -imanım sayesinde benim de ölümüm oldu- aracılığıyla yasa karşısında öldüm. Eğer kavrayabilirsek, bu harika bir düşüncedir. Yasanın yapabileceği son şey bizi öldürmektir. Yasanın nihai cezası budur. Bizi öldürdüğünde artık daha fazla bir şey yapamaz. Bir insan işlediği suçun cezası olarak idam edilirse artık yasaya tabi değildir. Yasadan kurtulmanın tek yolu ölümdür. Tanrı'nın merhametiyle, bizim ölümümüz İsa çarmıhta öldüğünde gerçekleşti. *"Yasa aracılığıyla Yasa karşısında öldüm"* (Galatyalılar 2:19). Artık yasanın bana söyleyebileceği bir şey yoktur; artık yasayla bir bağım yoktur. İsa'nın ölümüyle yasadan ayrıldım.

Bu konu hakkında konuştuğum zaman genellikle insanların yüzünde nazik bir şaşkınlık ifadesi görürüm. Tanrı'nın amacının bizi yasadan kurtarmak olduğunu bir türlü anlayamazlar. Ama gerçek budur. Tanrı'nın amacı budur. Bu konu Kutsal Kitap'ta açık olarak birçok kez belirtilmiştir. Aşağıdaki nefes kesen ifade bunlardan biridir:

*"Günah size egemen olmayacaktır. Çünkü Kutsal Yasa'nın yönetimi altında değil, Tanrı'nın lütfu altındasınız"* (Romalılar 6:14).

Daha önce size birbirine zıt iki seçenekten söz etmiştim: Yasa ve lütuf. İkisini birden seçemeyiz; bir karar vermemiz gerekir. Yasanın denetimi altındaysak lütuf altında değiliz. Lütuf altındaysak yasanın denetimi altında olamayız. Bu yüzden kararımızı vermeliyiz: Yasanın denetimi altında mıyım? Ya da lütuf altında mıyım? Bir ayağımızı iki farklı dünyaya birden basamayız.

Yukarıdaki ayetin gösterdiği gerçek, eğer yasa altındaysak günahın bize egemen olacağını ima eder. Kaçınılmaz sonuç nedir? Günahın egemenliğinden kurtulmanın tek yolu, yasadan kurtulmaktır. Bize bu seçeneği sağlayan, İsa'nın çarmıhtaki ölümüdür. *"Yasa aracılığıyla Yasa karşısında öldüm."*

*"Çünkü biz benliğin denetimindeyken, Yasa'nın kışkırttığı günah tutkuları bedenimizin üyelerinde etkindi. Bunun sonucu olarak ölüme götüren meyveler verdik. Şimdiyse biz, daha önce tutsağı olduğumuz Yasa karşısında öldüğümüz için Yasa'dan özgür kılındık. Öyle ki, yazılı yasanın eski yolunda değil, Ruh'un yeni yolunda kulluk edelim"* (Romalılar 7:5-6).

Pavlus bu ayette günahtan özgür kılınmaktan değil, yasadan özgür kılınmaktan bahsediyordu.

Romalılar 7'nin anlaşılması biraz zor olan ilk paragrafında Pavlus bir benzetme yaptı. Bir adamla evli olan kadın benzetmesini kullanarak şöyle dedi: "Buna göre kadın, kocası yaşarken başka bir erkekle ilişki kurarsa, zina etmiş sayılır. Ama kocası ölürse, kadın yasadan özgür olur. Şöyle ki, başka bir erkeğe varırsa, zina etmiş olmaz" (3. ayet). Pavlus'a göre, hepimiz dünyasal doğamızla evli olan yasa altındaki kişilerdik. Bu birliktelikten dünyasal doğamız her zaman ürettiğini üretti (benliğin işleri). Bunların arasında iyi olan bir tane bile iş yoktu. Ama Pavlus benliğimizin çarmıhta İsa'yla beraber öldüğü müjdesini verdi. Artık zina etmeden başka bir evlilik yapmakta özgürüz. Kiminle evleneceğiz? Mesih'le. Dirilmiş Mesih'le evliysek, Ruh'un meyvelerini vermeye başlarız. Bu birliktelikten bu doğar.

İki muhtemel birlik vardır: Benliğinizle bir olur ve benliğin meyvelerini verirsiniz (yasa altında evlilik). Veya yasadan özgür kılınıp, Kutsal Ruh vasıtasıyla İsa'yla evlilik ilişkisine girmekte özgür olursunuz ve Ruh'un meyvelerini verirsiniz.

Her iki durumda da, mesele elinizden gelenin en iyisini denemeniz veya yapmanız değildir. Hristiyanlık, elinden gelenin en iyisini yapma dini veya bir çabalama dini değildir. Anahtar kelime *birlik*tir. Neyle birlik içindeysek, ona yaraşır meyveler veririz. Dünyasal doğamızla birlik içindeysek, ne kadar çabalarsak çabalayalım ya da ne kadar çok kural yerine getirirsek getirelim, aralarında iyi olan hiçbir şeyin olmadığı benliğin işlerinin meyvelerini vereceğiz. Diğer yandan, dirilmiş olan Rab İsa'yla gerçekten Kutsal Ruh'la bir olursak, insan çabasına gerek duymaksızın doğal olarak Ruh'un meyvelerini vereceğiz. Bu çaba değil, birliktir. Bir dizi yeni kural değil, ilişkidir. Yeni Antlaşma'da açıkça belirtilen bu ilkenin, kendisini Hristiyan addedenlerin büyük bir çoğunluğu tarafından bilinmemesi şaşırtıcıdır.

Birliğin çok sade bir tasvirini Yuhanna 15'teki asma meselinde bulabiliriz. İsa şöyle dedi: *"Ben asmayım, siz çubuklarsınız. Bende kalan ve benim kendisinde kaldığım kişi çok meyve verir. Bensiz hiçbir şey yapamazsınız"* (Yuhanna 15:5). Bu, Tanrı'nın harika bir benzetmesidir. İsa şunu da dedi: *"Ben gerçek asmayım ve Babam bağcıdır"* (1. ayet). Kutsal Ruh nerede? O bitkinin özsuyudur. Dallar çok çabalayarak değil, asmaya bağlanarak meyve verirler. Asmaya bağlandıktan sonra eninde sonunda meyve vereceklerdir. Söz konusu olan çaba değil, birliktir.

Böylece görüyoruz ki, benliğin içimizdeki işlerinin etkinliğine bir son vermek için yasadan özgür kılındık. Pavlus'un dediği gibi: *"Benliğin denetiminde olanlar Tanrı'yı hoşnut edemezler"* (Romalılar 8:8). Olumlu yönden bakarsak, İsa'yla bir olarak Tanrı'yı hoşnut eden meyveler vermek için yasadan özgür kılındık.

## Üç Özgürlük

Şimdi Yasa'dan özgür kılınmanın üç önemli sonucunu inceleyelim. Öncelikle suçlanmaktan özgürleştik.

## Mahkûmiyetten Özgür Olmak

*"Böylece Mesih İsa'ya ait olanlara artık hiçbir mahkûmiyet yoktur. Çünkü yaşam veren Ruh'un yasası, Mesih İsa sayesinde beni günahın ve ölümün yasasından özgür kıldı. İnsan benliğinden ötürü güçsüz olan Kutsal Yasa'nın yapamadığını Tanrı yaptı. Öz Oğlu'nu günahlı insan benzerliğinde günah sunusu olarak gönderip günahı insan benliğinde yargıladı"* (Romalılar 8:1-3).

Romalılar kitabı, filtrelenmiş kahveye benzer. İki tür kahve vardır: Filtre ve hazır. Filtrelenmiş kahvenin hazırlanması daha uzun sürer, çünkü bir demlenme sürecinden geçmesi gerekir. Romalılar böyle bir kahvedir. Romalılar 8'den hazır kahve yapamayız. Ondan önceki 7 bölümün içinden geçmeliyiz. Bu 7 bölüm, kahvenin içinde demlendiği cezveye benzer. Ama sonuç da bir o kadar tatminkâr olur. Ancak bu 7 bölümün içinden ilerleyerek *"Böylece"* kelimesine ulaşabiliriz. Romalılar'ın ilk yedi bölümü, tüm insanlığın mutlak günahkârlığı ve dinin insanın günahkâr doğasını değiştirmedeki başarısızlığıyla ilgilidir. 4. bölümdeki İbrahim ve Davut örneğini 5. bölümde Adem ve Mesih'le karşılaştırarak, 6. bölümde Tanrı'nın sağladığı çareyi gösterir: Ölüm. Tanrı insanın hatalarını yamalamaz. İnsanı düzeltmez. Kiliseye göndermez. Tanrı insanı öldürür! İyi haber şu ki, bu ölüm İsa çarmıhta öldüğünde gerçekleşti.

Romalılar 7, Yasa'yla olan ilişkimizle ilgilidir. Hep şöyle düşünürdüm: *Neden tüm bunlardan sonra yasa geliyor?* Ama kendi deneyimlerimden, insanlarla ilişkilerimden ve Kutsal Kitap'tan okuduklarımdan öğrendiğime göre, aşmamız gereken son engel (demlenmenin son aşaması) yasayla nasıl bir ilişkimiz olduğudur. Hristiyanlar'ın çoğu bu konuya girmezler. Demlenme cezvesi olmadan Romalılar 8'de yaşayamayız, çünkü temel koşul şudur: *"Hiçbir mahkû-*

*miyet yoktur."* Mahkûmiyet altına girdiğimiz anda, Romalılar 8'de bahsedilen Ruh'un yönetimindeki yaşamın dışında kalırız. Şeytan'ın öncelikli amacı bizi mahkûmiyet altına sokmaktır. Tanrı Sözü'nün amacı ise, özellikle Romalılar'da, bizi mahkûmiyetten özgür kılmaktır.

**Sevme Özgürlüğü**

Yasa'dan özgür kılınmanın ikinci önemli sonucu, sevme özgürlüğüdür. Kuralcılık ve sevgi, tıpkı yasayla lütuf gibi birbirine zıttır. Kuralcı bir sistemde, sevmek çok zordur.

*"Birbirinizi sevmekten başka hiç kimseye bir şey borçlu olmayın... Bu nedenle sevmek Kutsal Yasa'yı yerine getirmektir"* (Romalılar 13:8, 10).

Dikkatinizi çekerim, seven kişi *"Kutsal Yasa'yı yerine getirdi."* Başarması gereken başka bir şey yoktur.

*"Çünkü başkalarını seven, Kutsal Yasa'yı yerine getirmiş olur. 'Zina etmeyeceksin, adam öldürmeyeceksin, çalmayacaksın, başkasının malına göz dikmeyeceksin' buyrukları ve bundan başka ne buyruk varsa, şu sözde özetlenmiştir: 'Komşunu kendin gibi seveceksin.' Seven kişi komşusuna kötülük etmez. Bu nedenle sevmek*

*Kutsal Yasa'yı yerine getirmektir"* (Romalılar 13:9-10).

Çok basit. Aslında ilahiyatçılar için sorun olan yanı da fazla basit olması. Ama gerçek budur... Galatyalılar'da konuyla ilgili bir bakış açısı şöyledir:

*"Mesih İsa'da ne sünnetliliğin ne de sünnetsizliğin yararı vardır; yararlı olan, sevgiyle etkisini gösteren imandır"* (Galatyalılar 5:6).

Tek çaremiz, sevgi yoluyla etkin olan imandır. Bu gerçekten uzaklaştığımızda, ilgimiz başka alanlara kayar. Her çeşit dahiyane ilahiyat teorileri, açıklamalar ve inanışlar ilgimizi dağıtır. Ama bir kez sevgi yoluyla iman gerçeğinden kaçarsak, merkezden uzaklaşmış oluruz. İncil'in mesajının merkezindeki amacı kaçırırız:

*"Bütün Kutsal Yasa tek bir sözde özetlenmiştir: 'Komşunu kendin gibi seveceksin'"* (14. ayet).

Yasayla bağlandığımızda, benliğimize bağlı olduğumuzdan böyle bir sevgi imkânsızdır. Daha önce de gördüğümüz gibi, dünyasal doğamız hiçbir iyi meyve veremez.

## Kutsal Ruh'la Yönetilmek İçin Özgür Olmak

Yasadan özgür kılınmanın üçüncü sonucu, Kutsal Ruh'la yönetilmek için özgürleşmektir. *"Tanrı'nın Ruhu'yla yönetilenlerin hepsi Tanrı'nın oğullarıdır. Çünkü sizi yeniden korkuya sürükleyecek kölelik ruhunu almadınız, oğulluk ruhunu aldınız. Bu ruhla, 'Abba, Baba!' diye sesleniriz"* (Romalılar 8:14-15).

Daha önce de ifade ettiğim gibi, Tanrı bize kölelik ruhunu değil, "oğulluk" ruhunu verdi. Tanrı bizi köleler yapmak istemez. Evlatlar yapmak ister. Tanrı'nın oğulları olmanın işareti burada çok açıktır: *"Tanrı'nın Ruhu'yla yönetilenlerin hepsi Tanrı'nın oğullarıdır."*

Kilise geçmişi olan birçok insan, yeniden doğmak ve Kutsal Ruh'ta vaftiz olmakla ilgili vaazlar duymuşlardır. İkisi de muhteşem gerçeklerdir. Yeniden doğmak bizi Tanrı'nın çocukları yapar. Kutsal Ruh'ta vaftiz olmak, Tanrı'ya hizmet etmek için bizi doğaüstü bir güçle donatır. Ancak Tanrı'nın evladı olarak olgunlaşmanın tek yolu, Kutsal Ruh'la yönetilmektir.

Kalabalık topluluklar önünde konuşurken şu soruyu sorarım: "İçinizden kaç kişi Kutsal Ruh'la yönetilmekle ilgili bir vaaz duydu?"

Ellerini kaldıranların sayısı hiçbir zaman %25'i geçmez. Odak noktamız bir defalık deneyimler olduğu için Ruh'ta devam edegelen yaşamın önemini anlayamayız.

Bu ayetteki kelimeler şimdiki zaman kipinde kullanılmıştır. "Düzenli olarak Tanrı'nın Ruh'uyla yönetilmekte olanlar (yalnızca onlar), Tanrı'nın oğullarıdır." Bunu Galatyalılar 5:18'le birleştirip, sizinle paylaşmak istediğim şeyin tam etkisini görelim: *"Ruh'un yönetimindeyseniz, Yasa'ya bağımlı değilsiniz."*

Kutsal Ruh'la yönetilmek istiyorsak, yasaya bağımlı olamayız. Ve eğer Kutsal Ruh'la yönetilmiyorsak, Tanrı'nın olgun oğulları olamayız. Yasadan özgür olmanın anlamı, Kutsal Ruh'un yönetimi aracılığıyla olgun erkek ve kız evlatlar olabilme özgürlüğüne sahip olmaktır. Size şunu söylemek isterim: Kutsal Ruh bir şahıstır. Bir dizi kural veya bir ilahiyat terimi değildir. İman Bildirgesi'nin bir paragrafındaki cümlenin bir bölümü değildir; O bir şahıstır. O'nunla bir şahıs olarak iletişim kurmayı ve O'na karşı duyarlı olmayı öğrenmemiz gerekir.

Bunun dindar insanlar için çok büyük bir sorun olduğunun farkındayım. Bu insanlar şöyle düşünür: "Kurallardan ayrılırsam, neye tutunacağım?" Bu çok tehlikelidir. Kutsal Kitap bize gerçekten tehlikeli olanın ne olduğunu söyler: Kurallarla yaşamaya çalışmak. Kuralların yaşamımızda tabi ki bir yeri vardır. Hız sınırlaması kuralının yararlı olduğuna inanıyorum. Yaşadığımız ülkenin kanunlarına itaatkâr olmak doğrudur. Aile içinde bazı basit kuralların olması gerektiğine inanıyorum. Kilisedeki faaliyetleri yönetmek için bir dizi basit rehberlik kuralları olması iyidir. Ancak bu kuralları yerine getirerek aklanamayız. Eğer iman yoluyla aklanmışsak ve kurallar da doğruysa, onları yerine getiririz. Ama doğruluğumuz kuralları yerine getirmekten kaynaklanmaz. Sahip olduğumuz tüm doğruluk kuralları yerine getirmekten ibaretse (ki bu milyonlarca Hristiyan için geçerlidir), Tanrı'nın bizim için öngördüğü doğruluğu hiç tatmadık demektir.

## 3. BİZİ KENDİMİZDEN KURTARMAK

*"Mesih'le birlikte çarmıha gerildim. Artık ben yaşamıyorum, Mesih bende yaşıyor. Şimdi bedende sürdürdüğüm yaşamı, beni seven ve benim*

*için kendini feda eden Tanrı Oğlu'na imanla sürdürüyorum"* (Galatyalılar 2:20).

Bunun, çarmıhın bize sağladığı beş kurtuluşun tam ortasında yer alması uygundur. *Kendimizi* çivileyip öldürmesi için çarmıha izin verene kadar, Tanrı'nın mutlak iradesini veya çarmıhın bize sağladığı lütufları asla bulamayacağız. Kendimiz, kilisede sıkça görülen kötülüklerin köküdür: Gurur, bencillik, kişisel hırslar ve mezhepçilik. Tüm bunlar çarmıha gerilmemiş benliğin işaretleridir. Çarmıha gerilmemiş benliğin ürettiği diğer bir olgu da ırkçılıktır. Ve Hristiyan kiliselerinde bile bol miktarda ırkçılığa rastlarız.

1950'lerde İngiltere'de pastörlük yaparken, cemaatimizde Afrika halkı için bir melek gibi dua eden tatlı bir "ruhsal kız kardeşimiz" vardı. Siyah tenli Afrikalı bir kardeşimiz yanına oturduğunda gerçekten rahatsız olurdu. Bazılarımızda geçmişten gelen gizli bir ırkçılık kalmıştır ve bu Tanrı'nın kilise için amaçlarına son derece karşıdır.

*"Hiçbir şeyi bencil tutkularla ya da boş övünmeyle yapmayın. Her biriniz alçakgönüllülükle öbürünü kendinden üstün saysın"* (Filipililer 2:3).

Burada tanımlanan davranış tarzı benliğin çarmıha gerilmesinin sonucudur. Böyle davranabilmek, benliğimizin çarmıhta ölmesine izin verene kadar imkânsızdır. Kilisede açıkça görülen iki şey rekabet ve kişisel hırslardır. Bir hizmetkâr olarak, günümüz Hristiyan hizmetinde çok büyük miktarda rekabet ve kişisel hırsların olduğunu görüyorum. Neden? Benliklerimizin çarmıhla hiç işi yok da ondan.

Şimdi size gerçek kiliseyle dünya arasındaki gerçek ayırımı belirleyen sınırı göstereceğim. 2. Timoteos'ta, Pavlus bu çağın bitişinin habercisi olan insan karakterindeki yozlaşmanın çok canlı bir tasvirini veriyor. Günümüz toplumunda aşağıdaki on sekiz kusurdan kaçı açıkça görülüyor?

"*Şunu bil ki, son günlerde çetin anlar olacaktır. İnsanlar kendilerini seven, para düşkünü, övüngen, kibirli, küfürbaz, anne baba sözü dinlemez, nankör, kutsallıktan ve sevgiden yoksun, uzlaşmaz, iftiracı, özünü denetleyemeyen, azgın, iyilik düşmanı olacaklar. Hain, aceleci, kendini beğenmiş, Tanrı'dan çok eğlenceyi seven...*" (2. Timoteos 3:1-4).

Şunu diyebilirsiniz: "Bu berbat bir liste ama en azından bu kusurları kilisemizde görmüyoruz." Bu büyük bir yanılgıdır. Çünkü bir sonraki ayet şöyle diyor:

*"...Tanrı yolundaymış gibi görünüp..."* (5. ayet).

Pavlus Tanrı yolundaymış gibi görünenler derken, Kutsal Kitap veya İsa Mesih'le ilgisi olmayan bir dinin mensuplarından bahsetmiyordu. Bunlar bir nevi adanmışlıkla kilise üyesi olan insanlardı. Pavlus şöyle devam etti:

*"...Bu yolun gücünü inkâr edenler..."* (5. ayet).

İnsan doğasını kökünden değiştirebilecek Tanrı yolunun gücünü inkâr edenler, dindar ama dine adandıktan önceki hayatlarını aynen yaşayan insanlardı. Yukarıdaki kusurlar listesi, insanların sevdiği şeylerle başlayıp bitiyor. Listedeki ilk madde kendini sevenler, sonraki madde parayı sevenler ve son madde de eğlenceyi sevenlerdir.

Şimdi bu üç tipik özellik üzerinde düşünelim: Kendini sevmek, para sevgisi, eğlenceyi sevmek. Bunlar çağdaş kültürümüzün en tipik üç özelliğidir ve hemen eklemek isterim ki hepsinin kökü birincisine dayanır (kendini sevmek). Yemin etmemek, kumar oynamamak, içki veya uyuşturucu kullanmamak bir insanın Hristiyan olduğunu göstermez. Hristiyan olma iddiamızı görünürdeki bu günahları işlemediğimiz temeline dayandıramayız. Çünkü örneğin, hala bencil olabiliriz. Dünyayla gerçek kilise arasındaki belirgin fark şudur: İnsanların kendilerini sevmeleri ya da kendilerinin çarmıha gerilmesine izin verip kendilerinden başka bir şey için yaşamaları.

Sıradan kilise üyelerinin ettikleri tipik dualarda bu gülünçlüğü duyarız. "Tanrım, beni ve karımı, oğlumu, John'u ve karısını, dördümüzü, (fazlasını değil!) kutsa, Amin." Bu dindarca ama çok bencilce değil mi? Kaçımız ben merkezli dualar ediyoruz? Kaçımız dualarımızda bizi ilgilendiren veya kaygılandıran şeylerin ötesine geçebiliyoruz? Ama Tanrı bu yanlış odaklanmadan kurtulmamız için bize bir yol sağladı. Bu yol çarmıhla sağlandı. Şu kararı verebilir ve onaylayabiliriz: *"Mesih'le birlikte çarmıha gerildim. Artık ben yaşamıyorum, Mesih bende yaşıyor."*

Bu adımı atmak için iki şeye gereksinim duyarız: Öncelikle bir karar ve ikinci olarak doğru bir itiraf. Şahsen yaptığımız itiraf çok önemlidir. Romalılar 6'da Pavlus şöyle dedi: *"Eski yara-*

*dılışımızın Mesih'le birlikte çarmıha gerildi"* (6. ayet). Bu genel bir ifadedir. Ama Galatyalılar 2:20'de Pavlus kişisel tanıklığını verdi: *"Mesih'le birlikte çarmıha gerildim. Artık ben yaşamıyorum, Mesih bende yaşıyor."*

## Çarmıha Gerilmiş Benlik

Çarmıha gerilmiş benliğin hayatımızı doğrudan etkileyen üç sonucu vardır. Birincisi, hizmet etme özgürlüğüdür.

### *Hizmet Etme Özgürlüğü*

*"İsa onları yanına çağırıp şöyle dedi: 'Bilirsiniz ki, ulusların önderleri sayılanlar, onlara egemen kesilir, ileri gelenleri de onlara ağırlıklarını hissettirirler. Sizin aranızda böyle olmayacak. Aranızda büyük olmak isteyen, ötekilerin hizmetkârı olsun. Aranızda birinci olmak isteyen, hepinizin kulu olsun'"* (Markos 10:42-44).

Yıllar önce, hatırı sayılır ruhsal armağanlara sahip, adanmış bir Hristiyan olan genç bir adam bana gelip şöyle dedi: "Prince kardeş, sana hizmet etmek istiyorum." Bu benim için pek de iyi bir haber sayılmazdı, çünkü fazlasıyla kendime yeten bir insandım. İçimden şöyle düşündüm: *Sensiz gayet iyi idare edebiliyorum. Bana hizmet etmeye başlarsan, kendi başıma kalmayı tercih ettiğim zamanlarda hep gözümün önünde olacaksın. Ve dikkat çekmek istemediğim durumlarda dikkatle beni gözleyeceksin.* Böylece ona düşüneceğimi söyledim. Ama dua ettiğimde Rab bana şöyle dedi: "Eğer bu çocuğa sana hizmet etme fırsatını vermezsen, tek yasal terfi kapısını kapatacaksın." Bu yüzden genç adama "Tamam" dedim. Ve harika bir ilişki kurduk ve Tanrı onu krallığında istikrarlı bir şekilde terfi ettirdi. Bu benim için çok büyük bir dersti.

Terfi insandan gelmez, Tanrı'dan gelir. İsa, eğer büyük olmak istiyorsak hizmetkâr olmamız gerektiğini söyledi. Efendi olmak istiyorsak, köle olmalıyız. Başka bir deyişle, ne kadar yükseğe çıkmak istiyorsak, o kadar aşağıdan başlamalıyız. Bir kez daha İsa'nın Matta 23:12'deki (ayrıca Luka 14:11) sözleri üzerinde düşünelim: *"Kendini yücelten alçaltılacak, kendini alçaltan yüceltilecektir."* Tüm evren bu kuralla yönetilir. Terfi etmek mi istiyorsunuz? Bunu size garanti edebilirim. Sadece kendinizi alçaltın ve alçaktaki bir yere kendinizi teslim edin. Hizmet edecek bir yer veya kimse bulun. Ama içinizdeki benliğin icabına bakmadıkça bunu asla yapamayacaksınız. Çarmıha gerilmemiş benlik hizmeti çökertir.

Kilisede yetkiye ve liderliğe hizmet ederek ulaşabilirsiniz. Başka bir yasal yol yoktur. Kilisede yetkili bir konuma başka bir yoldan gelen hiç kimse yetkisini doğru bir şekilde kullanamaz.

## *Kendi Çabamdan Özgür Olmak*

Çarmıha gerilmiş benliğin ikinci sonucu kendi gayretine bel bağlamaktan ve kendini yüceltmekten özgürleşmedir. Ne zaferli bir özgürleşme!

*"Biz kendimizi ilan etmiyoruz; ama Mesih İsa'yı Rab, kendimizi de İsa uğruna kullarınız ilan ediyoruz"* (2. Korintliler 4:5).

Bu her zaman için çok değerli bir ifadedir, ama bu ifadeyi kimin kime yönelttiğini düşündüğümüzde, daha da büyük bir önem kazanır. Yalnızca kendisi ve ulusunun seçilmiş olduğu öğretilerek yetiştirilen, kendini çok üstün gören Tarsus'lu Ferisi Saul'u bir düşünün. Pavlus'a birçok kuralları olan sofu bir yaşam tarzı sürdürmesi öğretilmişti. Aksi takdirde saf ve temiz olamazdı. Pavlus putperestlerden köpekler diye bahsetti. Sonra Şam yolunda İsa'yla karşılaştı ve İsa onu değiştirdi.

Yıllar sonra Pavlus'u, günahkâr liman Korint'teki imanlılara mektup yazarken görüyoruz. Burada yaşayan insanların yaptıklarının listesi sarsıcıdır. Fahişelik, kadın pazarlamak, homoseksüellik, sarhoşluk; aralarında her türlü aşağılık günah işleniyordu. Ama müjdenin gücüyle zaferli bir değişim geçirdiler!

Şimdi, Pavlus için bu insanlara mektup yazıp onlara şöyle demesi ne demek bir düşünün: *"Biz kendimizi ilan etmiyoruz; ama Mesih İsa'yı Rab, kendimizi de İsa uğruna kullarınız ilan ediyoruz."* İşte bu çarmıha gerilmiş benliktir!

1957'de beş yıllığına Doğu Afrika'daki Afrika okullarına Afrikalı öğretmen yetiştirmek için Kenya'ya gittim. Kendimi ırksal önyargıları olmayan biri olarak düşünürüm. Bununla birlikte o zamanlar, altısı Yahudi, biri Arap ve biri de İngiliz olmak üzere evlat edindiğim sekiz kız çocuğum vardı. Ama o konuma geldiğimde ve Tanrı'nın yolunda yürümeyi istediğimde, gerçekten kim olduğuma karar vermek zorundaydım. Cambridge mezunuydum. Eton'da araştırmacıydım. İngiliz akademik hayatının bakış açısından zirveye ulaşmıştım. Tüm atalarım İngiliz ordusunda subaylık yapmışlardı. Kendime gerçekten sormalıydım: "Bu siyahi öğrencilere 'Ben değil, ama Rab İsa Mesih; ve ben sizin kulunuzum' demeye istekli miydim?" Şükürler olsun, diyebildim, Tanrı'ya yücelik olsun ve bunu esenlikle yaptım. Ve hizmetlerim boyunca hiçbir zaman Doğu Afrika'daki kadar mutlu olmadım.

### *Kendimi Haklı Çıkarmaktan Özgür Olmak*

Son olarak, çarmıha gerilmiş benliğin üçüncü sonucu kendi haklılığımı ispatlamam gerekmediğidir. Oh ne rahatlık! Ne kutsama! İnsanlar benimle aynı fikirde olmayabilirler ve benle tartışabilirler. Ama şöyle diyebilirim: "Bekle ve gör kim haksız. Ben haksız olabilirim." Bu şaşırtıcı değil mi? Bir vaiz haksız olabilir! Kendimi haklı çıkarmak zorunda olmadığımı keşfetmek üzerimden büyük bir yükü kaldırdı.

## 4. BENLİKTEN KURTARMAK

*"Mesih İsa'ya ait olanlar, benliği, tutku ve arzularıyla birlikte çarmıha germişlerdir"* (Galatyalılar 5:24).

İsa Mesih'e ait olduğumuzun işareti benliği çarmıha germiş olmamızdır. Kanıt budur. *"Mesih İsa'ya ait olanlar, benliği çarmıha germişlerdir."*

Korintliler 15:23'te Pavlus, İsa geri geldiği zaman O'na ait olanlar için geleceğini söyler. Galatyalılar'daki bu ayet, O'na ait olanların benliklerini tutku ve arzularıyla birlikte çarmıha gerenler olduğunu söyler. İsa kimler için geri geliyor? Benliklerini çarmıha germiş olanlar için. Hristiyan olduklarını beyan edip, dünyevi, bencil, zevklerine düşkün bir hayat sürenler için geri gelmiyor. Çarmıha, kendi dünyevi doğalarında işini yapması için izin verenlere geliyor.

*"Çünkü benlik Ruh'a, Ruh da benliğe aykırı olanı arzular. Bunlar birbirine karşıttır; sonuç olarak, istediğinizi yapamıyorsunuz"* (Galatyalılar 5:17).

Tanrı değiştirmeye başlamadan önce benliğin denetimindeki doğamız, Tanrı'nın Ruhu'yla tam bir zıtlık içindedir.

*"Benliğin denetiminde olanlar Tanrı'yı hoşnut edemezler"* (Romalılar 8:8).

Eski doğalarına göre yaşayanlar, yenilenmemiş doğalarıyla Tanrı'yı hoşnut edemezler. Dindar olup olmamaları fark etmez.

*"Öyleyse kardeşlerim, borçluyuz ama, benliğe göre yaşamak için benliğe borçlu değiliz. Çünkü benliğe göre yaşarsanız öleceksiniz; ama bedenin kötü işlerini Ruh'la öldürürseniz yaşayacaksınız"* (Romalılar 8:12-13).

Bedenin kötü işlerini öldürmek bizim sorumluluğumuzdadır. Mesih bunu mümkün kıldı, ama uygulamayı bizim yapmamız gerekir.

Bir an için, benliğin neyi kapsadığını düşünelim. Bazılarının iddia ettiği gibi benliğin içinde sadece ahlaksızlık yoktur. Aslında, ahlaksızlık benliğin kendisini gösterdiği ana bir yol bile değildir. Korku, gücenme, öfke, kin, kıskançlık, cinsel şehvet ve değişken bir ruh hali, benliğin denetimindeki doğanın yaygın belirtileridir. Saati saatine uymayan bir Hristiyan, öncelikle imanı inkâr eden bir kişiliği yansıtır. Böyle bir Hristiyan, aynı zamanda çarmıha gerilmemiş bir benliğin kanıtıdır. Tanrı'nın lütfuyla artık böyle kaprisli bir Hristiyan olmadığımı söyleyebilirim. Çünkü çarmıha bende çalışması ve kaprislerimin icabına bakması için izin verdim. Benliğin Ruh'a, Ruh'un da benliğe karşı savaştığını anlamamız gerekiyor.

## 5. DÜNYADAN KURTARMAK

*"Bana gelince, Rabbimiz İsa Mesih'in çarmıhından başka bir şeyle asla övünmem. O'nun çarmıhı aracılığıyla dünya benim için ölüdür, ben de dünya için"* (Galatyalılar 6:14).

Çarmıh bizi, Tanrı'nın adil yönetimine boyun eğmeyen bir toplumdan ayırır ve serbest bırakır. İsa: *"Ne var ki, dünyanın değilsiniz; ben sizi dünyadan seçtim"* dedi. Tanrı bizden gözlerimizi ve kulaklarınızı kapayıp, bizi çevreleyen fiziksel ve maddi bir dünya yokmuş gibi ortalıkta dolanmamızı istemiyor. Hayır, bu sözlerin anlamı bu değil. Bu dünyadan ayrılmanın sadece bir tane basit yolu var. O da hayatlarımızda dünyanın yaptığının aksine, İsa'nın yönetimine tamamen adanmaktır.

Bugün dünyaya baktığımızda, dünyayla aramızda çarmıhta asılı bir ceset vardır. Dünya bize baktığında da aynı şeyi görür. Tam bir ayrışma vardır. Bu ayrılık maddesel değil ruhsal alandadır. Tamamen farklı bir krallığa aitiz. Dünyanın fikirlerinden, değerlerinden, yargılarından, baskılarından, ayartmalarından ve yalanlarından (Şeytan tarafından yönlendirilen şimdiki dünya düzeninden) serbest bırakıldık.

*"Biliyoruz ki, biz Tanrı'danız, bütün dünya ise kötü olanın denetimindedir"* (1. Yuhanna 5:19).

*"Büyük ejderha - İblis ya da Şeytan denen, bütün dünyayı saptıran o eski yılan..."* (Vahiy 12:9).

Hristiyanlar dünyanın etkisi altına girmeye başladıklarında, aldatmanın da etkisi altına girerler. Çünkü, Tanrı'nın Ruh'u ve bu dünyanın ruhu birbirine karşıdır.

*"Tanrı'nın bize lütfettiklerini bilelim diye, bu dünyanın ruhunu değil, Tanrı'dan gelen Ruh'u aldık"* (1. Korintliler 2:12).

**Dünyadan Kurtarılmanın Sonuçları**

Bu dünyanın ruhu, Tanrı'nın bize verdiği her şeyi gölgeleyecektir. Tanrı'nın Ruh'u Tanrı'nın bize verdiği her şeyi açığa çıkartır.

*Mesih'in Krallığına Adanmak*

Dünyadan özgür kılınmış olmanın ilk sonucu Mesih'in krallığına adanmaktır.

*"Siz öncelikle O'nun egemenliğinin ve doğruluğunun ardından gidin, o zaman size bütün bunlar da verilecektir"* (Matta 6:33).

Tanrı'ya karşı arzu ettiğim gibi tam bir sadakat içinde olamadım. Ama geriye baktığımda, hayatımdaki uzun yıllar boyunca bu ayetin etkinliğini ispatladığımı söyleyebilirim. Gerçekten doğru ve işe yarıyor.

### Şeytan'ın Ayartmasından Özgür Olmak

İkinci olarak, Şeytan'ın ayartması ve yalanlarından özgür olursunuz. Günümüzde özellikle medya konusunda bu doğrudur. Bu özgürlük çok önemlidir çünkü zihnimiz, çoğu yanlış olan birçok sunumla bombalanıyor. Bunlar, tam anlamıyla ruhsal olarak gerçek değildir.

### Diz Çökmeyi Reddetme Özgürlüğü

Son olarak, bu dünyanın egemenliğinden serbest kalmak, bu dünyanın putlarının önünde diz çökmeyi reddetme gücünü (Şadrak, Meşak, Abed-Nego gibi) verir. Günümüzde dünyanın putlarının önünde eğilmek konusunda, özellikle gençlerin üzerindeki baskı çok büyüktür. Bunlar, dünyasal başarılar, popülarite, zenginlik, güç ve rahat bir yaşam gibi olgulardır.

İbraniler kitabındaki bazı ciddi sözler bizi hem cesaretlendirir hem de meydan okur:

*"Onun için cesaretinizi yitirmeyin; bu cesaretin ödülü büyüktür. Çünkü Tanrı'nın isteğini yerine getirmek ve vaat edilene kavuşmak için dayanma gücüne ihtiyacınız vardır. Artık, 'Gelecek olan pek yakında gelecek ve gecikmeyecek. Doğru adamım, imanla yaşayacaktır. Ama geri çekilirse, ondan hoşnut olmayacağım.' Bizler geri çekilip mahvolanlardan değiliz; iman edip canlarının kurtuluşuna kavuşanlardanız"* (İbraniler 10:35-39).

Bu metinde üç temel uyarı görüyorum. Birincisi, inancımızdan geri adım atmamamız gerektiğidir. Güçlü imanlılar olarak, Tanrı'dan aldıklarımızdan vazgeçmemek konusunda dikkatli olmalıyız.

İkincisi, Tanrı'nın vaatlerini elde edebilmek için dayanma gücüne ihtiyacımız vardır. Şartları yerine getirmek, vaade kavuşmaktan farklı bir şeydir. Kendi yaşamlarımızdan da bildiğimiz üzere, bir şeye sahip olmak için yapmamız gerekenle o şeye sahip olmamız arasında hatırı sayılır bir zaman aralığı vardır. O süreç içinde dayanma gücü göstermeliyiz.

Üçüncüsü, ödülün hemen başucumuzda olduğunu unutmamamız gerektiğidir. Gelecek olan çok yakında gelecektir. Son ödül zamanı budur. O zamana kadar dayanma gücü göstermeliyiz. Bu ayetler bizi gerçekten iki seçenekle baş başa bırakıyor: Ya sabredip dayanacağız, ya da geri çekileceğiz. Dayanırsak vaadi miras alacağız. Ama geri çekilirsek mahvolacağız. Bu çok sert bir ifade şeklidir. Ama bizi böylesi bir gerçekle yüzleştiren Tanrı Sözü'nün bu samimiyeti için minnettarım. Hangisini yapacağız? Sabredip dayanacak mıyız? Yoksa geri mi çekileceğiz?

**Savaşa Çağrımız**

Görünmez krallıkları içinde, büyüleme gücünü kullanarak insanlığı (Tanrı'nın suretini) yok etmeye çabalayan görünmez bir düşmanla savaş halindesiniz. Şeytan, gurur ve günahı kullanarak Tanrı'nın yarattığı her şeyi bozmaya çalışır. Hamdolsun ki, Tanrı kendini alçaltıp Oğlu İsa Mesih'i ilk ve son kez kurban ederek yaradılışı kurtarmaya razı oldu. İsa ölümüyle, Şeytan'ın hükümranlıklarının ve güçlerinin ellerindeki silahları alarak, sizi Tanrı'dan ayıran suçlamayı ve günahı sonsuza dek ortadan kaldırdı.

Pavlus, Kutsal Yasa'nın yönetimi altında değil, Tanrı'nın lütfu altında olduğunuz için günahın size egemen olamayacağını söyledi.

*"Oysa her iman edenin aklanması için Mesih, Kutsal Yasa'nın sonudur"* (Romalılar 10:4).

İnanıyor musunuz? O zaman Mesih sizin aklanmanız için Kutsal Yasa'nın sonudur. Tanrı Sözü'nün bir parçası olarak yasanın sonu değildir. İsrail kültür tarihinin bir parçası olarak da yasanın sonu değildir. Ama Tanrı'nın gözünde bir aklanma aracı olarak yasanın sonudur. Yahudi ya da putperest, Ortodoks, Katolik veya Protestan, O'na inanan herkes için bu geçerlidir. İsa'nın ölümüyle Tanrı'nın gözünde aklanmış sayılmak istiyorsanız, bu sizin için yasanın sonu demektir.

Ve bu aynı zamanda, Şeytan'ın üzerinde İsa'nın zaferini uygulamaya devam eden çarmıhın işidir. Bu çağın egemeni olan kötüden ve günümüz dünyasında yaşayan toplumun üzerimize bindirdiği baskıdan kurtulabilmenin tek yolu budur.

Kurtuluşumuzu tamamıyla etkin kılmak için bu gerçeği günlük hayatımızda her gün uygulamalıyız. Çarmıhı hayatınızda yaşayabilirsiniz. Şimdiki bu kötü çağdan-yasadan, kendinizden, benliğinizden ve dünyadan özgürleşebilirsiniz.

Şeytan'ın elinden silahını alabilirsiniz. Çarmıhı silahınız olarak kullanıp Şeytan'ı silahsızlaştırdığınızda, nihai olarak güvenlikte olacağınız o yeri bulursunuz (çarmıhın öte tarafında bir yer). Tanrı'ya, O'nun yolunda gitmek için her adandığımızda, bu yer biraz daha bize yaklaşır. Kendimizi inkâr ettikçe, çarmıhımızı kucakladıkça ve O'nu takip ettikçe o yere yaklaşırız.

Kendinizi İsa'nın dediğini yapmaya adayacak mısınız? Kendinizi inkâr edin. Çarmıhınızı yüklenin. O'nu takip edin!

# YAZAR HAKKINDA

*Derek Prince (1915-2003) Hindistan'ın Bangalore eyaletinde, İngiliz ordusuna bağlı asker kökenli bir ailede doğdu. İngiltere'de Eton Lisesi ve Cambridge Üniversitesi'nde ve daha sonra İsrail'deki İbrani Üniversitesi'nde klasik diller (Yunanca, Latince, İbranice ve Aramice) konusunda araştırmacı olarak eğitim aldı. Öğrencilik yıllarında sıkı bir feslefeciydi ve kendini ateist olarak ilan etmişti. Cambridge'deki King's Lisesi'nde antik ve modern felsefe derslerini başlattı.*

*İkinci Dünya Savaşı sırasında, İngiliz Sıhhiye Kolordusu'ndayken, Prince bir felsefe çalışması olarak Kutsal Kitap okumaya başladı. İsa Mesih'le yaşadığı güçlü birlikteliğin dönüşümüyle, birkaç gün sonra Kutsal Ruh'la vaftiz oldu. Bu yaşam değiştiren tecrübenin tüm hayatına işlemesiyle kendini Kutsal Kitap çalışmaya ve öğretmeye adadı.*

*1945'te Kudüs'te ordudan ayrılıp oradaki çocuk evinin kurucusu olan Lydia Christensen'le evlendi. Evliliğinde, Lyda'nın evlat edinilmiş sekiz kız çocuğunun da (altısı Yahudi, biri Filistin'li Arap, biri de İngiliz) babası oldu. Ailece İsrail devletinin 1948'de yeniden doğuşunu gördüler. 1950'lerin sonunda Ken-*

*ya'daki bir lisede müdürlük yaparken, başka bir kız çocuğu daha evlat edindi.*

*Prince 1963 yılında Amerika Birleşik Devletleri'ne göç etti ve Seattle'da bir kilisede pastörlük yapmaya başladı. John F. Kennedy'nin katledilmesinin de etkisiyle Prince, Amerikalılara kendi ulusları için Tanrı'nın önünde nasıl aracılık etmeleri gerektiğini öğretmeye başladı. 1973'de Amerika İçin Dua Eden Aracılar'ın kurucularından biri oldu. Dua ve Oruçla Tarihi Şekillendirmek adlı kitabıyla dünyanın dört bir yanındaki Hristiyanlar'ı kendi hükümetleri için dua etme sorumluluğu konusunda uyandırdı. Birçoklarına göre bu kitabın el altından yapılan gizli çevirileri SSCB, Doğu Almanya ve Çekoslovakya'daki komünist rejimlerin yıkılmasında etkin bir rol oynadı.*

*Lydia Prince 1975'de öldü ve Derek 1978'de Ruth Baker'la (evlat edindiği üç çocuğa annelik yapan bekar bir kadın) evlendi. İlk eşine rastladığı Kudüs'te Rab'be hizmet ederken ikinci eşiyle tanıştı. 1981'den Ruth'un öldüğü 1998 Aralık ayına kadar Kudüs'te beraber yaşadılar.*

*2003 yılında 88 yaşındayken hayata gözlerini kapamasından birkaç yıl öncesine kadar Tanrı'nın onu çağırdığı hizmetlerde çalışmaya devam etti. Tanrı'nın açıkladığı gerçekleri duyurmak için dünyanın dört yanına seyahat etti, hastalar ve cinliler için dua etti ve Kutsal Kitap'ın ışığında dünyadaki olaylarla ilgili peygamberliklerde bulundu. Yazdığı elliden fazla kitap, altmıştan fazla dile çevrilerek tüm dünyaya dağıtıldı. Nesilden nesle geçen lanetler, İsrail'in müjdesel önemi ve demonoloji (Şeytan bilimi) gibi çığır açan konulardaki öğretilere öncülük etti.*

*Uluslararası merkezi North Carolina Charlotte'da bulunan Derek Prince Hizmetleri, dünyaya yayılmış şubeleriyle öğretilerini yaymaya ve hizmetkârlar, kilise liderleri ve cemaatler için eğitim vermeye devam etmektedir. Başarılı Yaşamın Anahtarları (şimdilerde Derek Prince'in Mirası Radyosu diye anılıyor) adlı radyo programı 1979'da başladı ve bir düzineden fazla lisana tercüme edildi. Tahminlere göre Prince'in açık, mezhepsel olmayan Kutsal Kitap öğretileri dünyanın yarısından fazlasına ulaştı.*

*Dünyaca tanınan bir Kutsal Kitap araştırmacısı ve ruhsal bir lider olarak Derek Prince, altı kıtada yetmiş yıldan fazla öğretti ve hizmet verdi. 2002'de şöyle demişti: "Benim (ve inanıyorum ki Rab'bin de) isteğim, altmış yılı aşkın bir süredir Tanrı'nın benim aracılığımla başlattığı bu hizmetin yaptığı işe İsa dönene kadar devam etmesidir."*

www.ingramcontent.com/pod-product-compliance
Lightning Source LLC
Chambersburg PA
CBHW071510040426
42444CB00008B/1574